U0908022

身心修行

静心

拨开世事之尘嚣
存养生命之纯净

墨竹◎著

台海出版社

图书在版编目（CIP）数据

静心 / 墨竹著. —北京：台海出版社，2018.4（2024.3 重印）

ISBN 978－7－5168－1799－5

Ⅰ.①静… Ⅱ.①墨… Ⅲ.①心理学－通俗读物

Ⅳ.①B84－49

中国版本图书馆 CIP 数据核字（2018）第 052891 号

静　心

著　　者：墨　竹

责任编辑：戴　晨　　装帧设计：天下书装

版式设计：天下书装　　责任印制：蔡　旭

出版发行：台海出版社

地　　址：北京市东城区景山东街 20 号　邮政编码：100009

电　　话：010－64041652（发行，邮购）

传　　真：010－84045799（总编室）

网　　址：www.taimeng.org.cn/thcbs/default.htm

E－mail：thcbs@126.com

经　　销：全国各地新华书店

印　　刷：三河市天润建兴印务有限公司

本书如有破损、缺页、装订错误，请与本社联系调换

开　　本：880mm×1230mm　1/32

字　　数：165 千字　　印　　张：8.5

版　　次：2018 年 4 月第 1 版　　印　　次：2024 年 3 月第 8 次印刷

书　　号：ISBN 978－7－5168－1799－5

定　　价：38.00 元

前 言

人的一生，时间有限，精力更有限，又没有三头六臂，怎么可能事事周全？安心、静心，才是生活最好的状态。

做人要静心，切忌三心二意、心生杂念，在自己最擅长的领域创造最大的价值，展现出自己最美的那一面，才是最大的成功。人生无论走到何处，心无旁骛、一心一意总是没错。不艳羡别人，多关注自己，不奢望永恒，只思考现在，只有属于自己的东西才最有分量，只有适合自己的道路才最有意义。

感到烦躁了，不妨静心读书。跳出烦躁的生活圈子，静心地欣赏生活、反思生活，才可以获得更多的生活体验。孔夫子之所以被称为“圣人”，就是因为他懂得静心，不断自省，完善自我的思想，这才一步步登上至高的殿堂。

人生，总会有不期而遇的温暖和生生不息的希望。没有命中注定的不幸，只有死不放手的执拗。

生活中，很多事需要一个人去面对，很多路需要一个人去跋涉。路再长再远，夜再黑再暗，也要坚持走下去。这时候，静心，就成了一面会反光的镜子，因为有了明确的目标和方向，人生反而多了份美好的憧憬。

想要看透生活，先要沉淀自己的内心。静心修养的人，在经历了风雨坎坷之后，为人处世，往往有一种万事随缘的彻悟。只有平静地接受现实，坦然地面对厄运，积极地看待人生，阳光才会流进心里来，人生才能真正有所改观。

本书从生活的侧面入手，用深入浅出的道理和富有哲理的故事，为读者朋友开启了一次与心灵对话的快乐之旅。它教你怎样开阔自己的心胸、怎样调节自己的心情、怎样创造快乐、怎样把平凡的日子过得生机勃勃、怎样静心地思考人生……

这不是一本迎合潮流的书，却是一本经久耐读的书。买来不一定马上读，但一定会有需要读它的时候。在不同的人生阶段读它，往往会读出不同的味道来。

亲爱的朋友，当你逐页读完这本书，你的内心会豁然地开朗，从此以后，你便是一个精神世界无比饱满的人，你会成为你内心唯一的主人。

目 录

MU LU

第一章　世间烦恼，皆由“心”起

第二章　卸去心头繁杂事，还内心一片宁静

第五章　生活原来如此简单

第六章　人之所以痛苦，在于追求着错误的东西

第七章　每一次磨难，都是一种人生收获

第八章　善待自己，累了就给自己减压

第九章　凡事看开，别和自己过不去

第十章　不忧不悔，活在当下

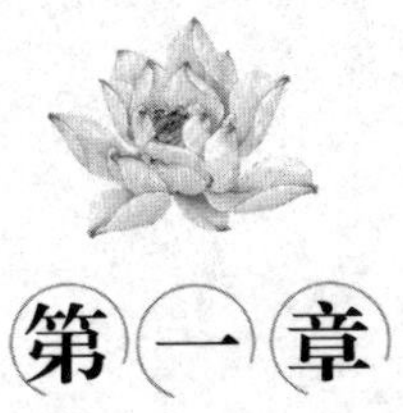

第一章

世间烦恼，皆由“心”起

人世间的烦恼，说白了，不过“名利”二字。人之所以会烦恼，多半是记性太好。该记的、不该记的，都留在了脑子里，想不烦恼都不行。其实生活很简单，只要怀抱一颗向上的心寻找，幸福无处不在，无处不有！适当地抽丝剥茧，人才能活得轻松自在。

1. 心累，就是常常徘徊于坚持和放弃之间

常言道：累，就是因为太在乎。有一位登山爱好者，在距离峰顶只有一步之遥时，突然放弃了。有人问他，为何不坚持呢？再走一步，你就成功了。他却说，再走一步，我也就离死亡不远了。人这一辈子，就是不断在坚持与放弃之间权衡取舍。成功者拿捏得张弛有度，从而成就了豁达洒脱的人生。徘徊不定，患得患失者，最终累身又累心。

坚持与放弃，就像两匹个性迥异的马，想驾驭好它们，并不容易。要想做到这一点，首先要有一个正确的主导思想。不能老想着改变客观条件，最主要的是改变自己。

拿习惯来说，好的就坚持，坏的就放弃。像抽烟、饮酒、打牌这样的事，能少沾就少沾，能戒就戒。即便是从此少了一些酒肉朋友，又有什么关系呢？早睡早起，锻炼身体，看看书、听听歌，这些好的习惯应当坚持，即使多了份

孤单与寂寞，但至少内心是充实的。

鱼和熊掌，往往不能兼得，坚持前者，就必然要放弃后者。有些人总是用“坚持就是胜利”这样的口号来给自己或他人打气，可是，你有没有问过自己：别人眼中的“胜利”就一定是你的“胜利”吗？你能用一句口号解释一个手无缚鸡之力的围棋手为何举不起千斤重的哑铃吗？没有永远的成功，也没有永远的等待，一切都需要时间来检验。不要白白浪费了生命，却又是得不偿失。所以，适当的放弃就显得尤为重要。

年近六旬的肖大爷，从20世纪90年代就开始炒股，一直奋战在一线，距今有20多个年头了。资金从最初的2000元，几起几落，直到行情见好的2010年，账户余额也有80多万。在他们那拨人当中，肖大爷也算是赚得钵儿满的一位了。在老友眼中，肖大爷选股可是独有一套，在变化莫测的熊市也能选到年涨40%以上的牛股，股民们都戏称其为“股市诸葛亮”。

然而天有不测风云，随着全球经济的不断下滑，金融危机很快就波及国内股票市场，从2010年下半年开始，股市一直走低，肖大爷也难以幸免，买的股票跌得惨不忍睹，账户资产余额也从最高的80多万元跌至30多万。当时，许多人劝他赶紧撤出来，肖大爷就是不听，到最后30万一分不剩，二十多年的积蓄赔了个干干净净，连养老的钱都搭进去了。

坚持与放弃，是一个辩证的统一体。人之所以会心累，就是常常徘徊在坚持和放弃之间，举棋不定。一个人苦心挣扎，根本没有意义。坚持与放弃，要依天时地利而定，该坚持的时候就不能轻易退缩，该退让的地方就不要主动争抢。对于你所面对的事情，一定要有一个正确的评估，学会审时度势。

敢于坚持是一种勇气，勇于放弃又何尝不是一种大气，哪个对哪个错，谁又能说得清楚？有人戏言，人之所以会烦恼，就是因为记性太好。该记的、不该记的，到最后都留在了脑子里，想不烦恼都不可能了。

话说有两个人，相约同去山上找石头。太阳落山时，张三已经背了满满一筐石头，李四的筐里却只有一块石头，也许在他眼中这一块再精美不过了。张三嘲笑李四："难道你花费一天的时间只是为了挑一块石头回家？"李四说："漂亮的石头虽然多，但我只选最精美的一块就够了。"张三笑而不语，无奈下山的路上越背越重，只好将筐中的石头一个一个地扔出来，回到家以后，筐里竟只剩下一块最丑的石头！

有些故事永远没有结局，有些问题永远没有答案，可对于"骑虎难下"的你，也只能苦苦地追求、等待并不断地幻想着奇迹发生。人的欲望是无止境的，整天为了自己的目标辛苦地忙碌着、奋斗着，只因为想得到的东西太多太多。得到了，开心一整晚；得不到，痛苦一阵子。身体累不可怕，可怕的就是心累。在这个充满竞争与压力的社会里，难题和烦恼比比皆是，要活得轻松自在完全不现实。可若是适当地抽丝剥茧，也能够获得一些自由呼吸的空间。

不畏浮云遮望眼，只缘身在最高层。想看得明白，就必须跳出来。一家公司如果资金周转不力，就必然面临着崩盘，一味地咬牙坚持，后果只能是轰然破产、负债累累；一份感情不温不火、半生不熟，苦苦支撑三两年，也还是改变不了分手的结果。每个人对幸福的感觉和要求都不相同，只有那些容易满足、懂得知足的人才更有可能接近幸福。

2. 生活本不苦，苦的是欲望过多

现实生活中，很多人都觉得自己活得很累，过得很苦。不妨平心静气地问自己这样一个问题：你的付出真的大于所得吗？相信很多人的答案是否定的。人之所以觉得生活太苦，只是因为贪恋的东西太多。正当的欲望是合理的，但如果追求过于繁多，则无疑是给自己套上了一条沉重的锁链。一个失去自由的人，又怎么会感受到人生的快乐呢？

在成功者那里，痛苦总是有限的，因为他们的欲望是有限的。避免痛苦的方式只有一种：减少内心的欲望。遇到苦难与挫折，只要换种角度，以积极的心态去观察、去思考，就能够找到解决问题的办法。你会发现，事情远没有你想象中那样糟糕。如此，幸福来得也会别有一番意义。

如果说生活是一杯苦咖啡，那么欲望一定是剧烈的尼古丁。在欲望的驱使下，“男人有钱就变坏，女人变坏才有钱”，对于如今的社会来说已不新鲜。一些有钱的男人对于家中的老婆早已失去了往日的激情，要身段没身段，要容貌没容貌，取而代之的是厌倦和麻木。如果把情爱的缺失也看作是生活的不幸，岂不要叫人笑掉大牙？

大多数人为了“钱”而奋斗，为自己拥有的太少而努力，所以不停地往前迈、向上爬。当达到一定的目标时，或许会看到另一片“金钱”的海，于是又不停地追赶，急忙奔着新的目标而去！大千世界里，正是因为有了太多的诱惑，才产生太多的欲望；欲望太多而得不到满足，痛苦自然也就成倍地增加。要想轻松潇洒地生活，就一定不能放纵自己的私欲，要尽可能减少对金钱的贪婪、对权势的痴迷！

从前，有一位皇帝，十分贪恋钱财。一天，神向他许诺：可以帮他实现一个愿望。听完神的话，得意忘形的皇帝咧着嘴说：“请赐给我一种点物成金的法术，让我伸手触摸的东西都变成金子。”神笑而不语，但还是满足了他的要求。

第二天一大早，皇帝刚起床，两眼一黑，就伸手向睡衣摸去，只那么轻轻一下，衣物居然变成了金子；再一碰面包，面包也成了金子。他欣喜若狂，兴奋地大喊：“人生太快乐了，我将拥有这世间最多的财富！”但是，很快新的问题出现了：凡是被皇帝摸过的东西，都变成了金子。所以，他不能喝牛奶，不能吃面包。吃不成早餐，就只得饿肚子。

中午，他去王宫里的花园散步。一朵娇嫩的玫瑰正开得艳丽，被皇帝的手指一碰，立刻变成了金玫瑰。这让向来诗情画意、附庸风雅的皇帝倍感失落。

一天下来，他所触摸过的物品都变成了金子，后来，他越来越惧怕，晚上，他的儿子来拜见他，他拼命喊着不让儿子进自己房间，可是天真烂漫的儿子一如既往地拥抱他，结果儿子成了一尊金像。

皇帝禁不住望着天号啕大哭，他跪在地上恳求神解除他的点金术。神指引他来到河中，要他把手洗干净。皇帝用劲搓洗双手，然后去拥抱儿子，儿子这才变回了原来的模样。

也许很多人都很羡慕皇帝的点金术，以为有了点金术，人生才会从此远离悲苦。其实不然，一个吃不着饭、睡不着觉、连最心爱的儿子都不能拥抱的人，怎么可能会感受到人生的幸福呢？尽管他享受了荣华富贵，可是，他并不快乐，相反，这一份生活的苦痛会让他后悔自己当初的选择。

欲望不一定能换来安乐，但一定能换来苦痛。可是，这世间偏偏就有人对财富和地位情有独钟，月入三千的梦想赚五千，月入五千的就想着一万。赚到一万的，又盘算着怎么才能少担风险和压力……如果欲望过于旺盛，到头来只会灼烧自己。

钱是水，欲望是船；有多少钱，就能产生多少欲望。可是反过来讲，幸福不等于无所追求。从现实的角度讲，一个不折不扣的穷光蛋，没房住、没钱花，满足不了物质的需求，有什么资格谈幸福呢？脚踏实地，一步一个脚印，你会与幸福走得更近，而无边的欲望，只会增加你生活的负累。

其实，生活本不苦，欲望要适当。金钱可以让人快乐，成功可以使人喜悦。但实现这一切，必须有一个积极、健康的心态，只有恪守良性的生存法则，你所取得的成就，才能获得更多人的认同与尊重。

3. 人生有多少计较，就有多少痛苦

人生有得有失是自然，事业有成功有失败是情理之中，生活有苦有乐才真实，生与死是人生的自然法则……我们何必计较那么多！其实，一个人快乐与否，不是因为他拥有的多，而是因为他计较的少。永远不要把时间浪费在你不喜欢的人或事上，如果有一条疯狗咬你一口，难道你也要反咬它一口吗？记住，每多一分计较，就多一分痛苦，计较就是跟自己过不去。

一只脚踩扁了紫罗兰，它却把香味留在了脚跟上，这就是宽容，这就是不计较。有些事情过去了就算了，何必苦苦纠缠呢。每个人都有错误，如果老是执迷于过去的错误，就会形成思想包袱，既限制了自己的思维，也影响了别人的判断。

要获得别人的信赖，走进别人的内心，必须明白一点：

不是你的，尽量不要去争取；是你的，别人想拿也拿不走。不计较失去，才能更好地获得。每个人的生活中都会有不如意、有失败，当你的面前出现难以逾越的屏障时，一定要放宽心，从容地面对。包容了一切，也就等于化解了一切。

不过分计较，才能真正放得下。宽容的伟大之处，在于发自内心，真诚、自然地对待生活。误解、谩骂、忘恩负义，都不去计较，心态自然会平和许多。以一种博大的胸怀和真诚的态度谅解别人，就等于给自己送了一份宽心的礼物。

得与失就像一架天平的两端，永远都存在着一种微妙的平衡，一个人得到多少，相应的也会失去多少，不必过分计较。你只是想得到，从没有想过失去；一心只想着捞油水，从没有想过付出汗水。一个人所失去的和他所得到的，往往是成正比的，过多的计较毫无意义。譬如居里夫人，几乎倾注她所有的精力在发明放射性元素镭上，从而填补了世界科学史上的一项空白，也为自己赢得了诺贝尔物理学奖。

与人为善，就是与己为善，与别人计较就是与自己计较，只有宽容地看待人生、体谅他人，你才能收获放松、自在的人生，才能在生活中感受到欢乐与友爱。失败时多一分释怀，停止对自己的批判，心中就会少一分懊悔和沮丧，就能在心底扶起一个坚强的我。不计较寸尺的得失，你才能拥有一片广阔的天空。

“风过而竹不留声，雁去而潭不留影；事来而心始现，事去而心随空。”人生的旅途，难免会遇到一些磕磕碰碰，遭遇挫折时越过分计较，失去的就越多，内心就越痛苦。人生短短几十年，斤斤计较到头来只是苦了自己。

宽容就是不过分计较，是一种博大精深的境界，是人的涵养，它是待人的艺术，处世的经验，为人的胸怀；宽容就是不过多计较，是一种高贵的美德，它能包容人世间的喜怒哀乐，使人生跃上新的台阶。

塞翁失马，焉知非福。上帝在为你关上一扇门，也会为你打开一扇窗。对得与失过于在意，永远都会活得很累；凡事抱以平常心，将得失泰然处之，生活反而会落得轻松、丰富多彩！

4. 忧虑是提前预支的烦恼

你可能正因为眼前这样那样的问题而陷入忧虑，一个人在外打工，生活上没有保证；工作中遇到挫折，老板一声令下你卷铺盖走人；婚姻面对危机，老夫老妻同睡一张床却各自心怀鬼胎……如果你不能很好地处理这些情绪，忧虑过重，晚上失眠多梦，白日精力分散，生活岂不是一团糟？

忧虑的情绪，就像流行性感冒，谁都无法避免。生活本就处处充斥着矛盾，有矛盾就会有忧虑。人的忧虑大体上有两种：今日的忧虑与明日的忧虑，即近忧与远虑。

小学生忧虑自己考不出好成绩，会受到爸爸妈妈的训斥；中学生忧虑自己学不好数理化，上不了好的大学；大学生忧虑自己通不过英语四级，毕业了找不到工作。找到工作，收入稳定了，又忧虑没有一个好的对象；结婚后有了小孩，又忧虑于孩子的成长和教育。唉！人的一生是不是都要在忧虑中度过？若是如此悲观地将人生描绘一遍，就等于无形之中给自己套上了一把牢固的精神枷锁，很可能这一辈子都要活在忧虑之中了。

心理学上有一条最基本的准则：一个人无论多聪明、多有智慧，都不可能在一个时间段同时思考两件事情。所以，你的忧虑，不会对你的生活带来丝毫的益处。一些从战场上退下来的老兵，往往都有精神衰弱的病症，治疗这种病的办法只有一种：除了睡觉之外，每一分钟都让他们“动”起来，可以在钓鱼、打猎、种花、跳舞这四项活动中任意选择一种，不让他们有时间去回想那些可怕的经历。

快乐是自我的，忧虑也是自我的。每当你忧心忡忡、唉声叹气的时候，不妨把你的忧虑写在纸上，然后为自己的痛苦归个类：40% 的未来，30% 的过去，20% 的琐事，5% 无法改变的事实，一定还有 5%“莫须有”的烦恼。那些终身在图书馆、实验室从事研究工作的人，几乎不大可能因为忧虑而精神崩溃，因为他们没有时间去享受这种“奢侈”。在他们的世界里，抓住现在，就是最快乐的事。

有一头骡子，心不在焉地在院子里遛弯，一不小心掉进了枯井里。

主人绞尽脑汁想救出他的骡子，可是几个小时过去了，骡子还在井里焦虑地哀号，他却束手无策。回了屋，老婆对他说："这头骡子年纪大了，不值得大费周章去救它。"

主人心里也很痛苦，万般无奈之下，只好放弃。于是主人便叫了四五个伙计，让他们帮忙将井中的骡子埋了，以消除它的痛苦。伙计们人手一把铲子，将泥土一点一点地铲进枯井。

骡子知道自己已是九死一生了，刚开始还伤感地哭了两声，哀叹自己的命运不济。可一会儿之后，骡子竟然安静了下来。主人让伙计们先停下来，自己则好奇地朝井底看了一眼，眼前的一幕令他惊讶不已：当铲进井里的泥土落在骡子的背部时，它并没有认栽，而是迅速将背上的泥土抖落在一旁，然后站到铲进的泥土堆上面！

就这样，骡子将身上的泥土全都抖落在了井底，然后再站上去。很快地，这只骡子便得意地升到了井口，然后在主人惊讶的表情中快步地跑开了。

在人生的道路中，谁都有可能跌入"枯井"，会被各式各样的"泥沙"填埋，只有弱者才会放弃一线生机，在失败的角落里自怨自艾。换作是你，你又将如何应对呢？大概唯一脱困的秘诀就是将所有的"泥沙"抖落，然后挺直腰杆重新站起来！

事实上，你所遭遇的每一份困难加起来，就成了你身上沉重的"泥沙"。可是，换个角度讲，这些困难在某些特定的时候，也会成为你向上攀爬的垫脚石。很多时候，助力往往就潜藏在困境中。只要具备迎难而上的品格，即使是在最深的井底，你也能成为胜利的“巨人”。

人的生命，看似长久，实则只有三天——昨天、今天和明天。昨天，过去了，追悔也无意义；今天，正在进行，哀叹等于放弃；明天，还没到，忧愁也是多余。不要为明天而忧虑，生命最重要的部分是现在。明天自有明天的忧虑，当天的难处，难道当天承受还不够吗？远虑是无穷尽的，千万不要让远虑成为近忧。人生路上，可供歇脚的驿站有很多，用不着把明天的包袱现在就背到身上。

5. 不安，是因为压抑了真实的自己

“如果我是一只鸟，我就可以在天空中自由飞翔；如果我是一条鱼，我可以在水里自由自在地遨游。”现实生活中的很多人，总是患得患失，将自己现状不理想的原因归咎于外界的干扰。这样的观点不无道理，但必须反过来讲，是因为自己的心不静，压抑了真实的自己。

这个世界上，只有一种人总是处于不安的状态，就是精神分裂症患者。因为他们没有真正属于自己的土壤和领域。他们像防小偷一样，防着所有人，可是从他们的角度出发，他们并没有错，自己的世界被他人窥视，心生不安再合理

不过。

如果一个人只有在获得专属于自己的空间时，才会感到安全，那我们的人生岂不是要处处阴云密布？安心、静心，是一个人生活的最基本状态，只有感受到安全，你才能将精力集中于工作和学习当中。

还有一些人，总是急于把自己最优秀的一面展示给别人，一旦得不到认同，就身心不安。焦躁的人，常常害怕被别人窥探到自己脆弱的一面，不是对方太强大，而是自己太脆弱。

职业经理人小樱年轻的时候，同学们曾“赐”她一个雅号——“老土妹”。因为她从来只知道埋头读书，一直不愿意花时间精心打理自己，头发乱得像鸟窝似的。慢慢地，小樱开始在意别人的议论，当看到自己的同桌剪了新发型时，她竟然也开口赞叹：“哇，你的发型真漂亮，在哪里剪的？改天我也去剪一个。”于是，小樱暗下决心，让自己的头发也像她那样亮丽起来。

周一，小樱带着拷贝来的新发型来到学校，但同学们的反应却与她原先脑海中勾画的大相径庭，没有一个人对她的头发做出评论。小樱不禁有些不安：难道她天生就不配成为一个漂亮的女孩儿、只是个学习的料？

后来，他最好的朋友小娟看出了她的困惑，对她说：“你也许觉得你的发型很好看，但你在模仿别人。在我看来，你剪掉的不只是头发，连你的个性也一并失去了。”

听了小娟的话，小樱恍然大悟：原来我忘了做我自己了！东施效颦、邯郸学步，岂不是会让自己更丑？晚上回家后，小樱剪掉了长发，又换回了以前的“鸟窝头”。的确，这个发型不怎么好看，可是她却心安理得，因为找回了生活的标准——保持最真实的自己。

人生如水，波澜四起，想要过得素朴、简单，并不容易。我们的内心会因为诱惑的冲击而不安，一不小心便容易迷失方向。有的时候，你总是刻意地表现自己，做事力求尽善尽美，想得到所有人的认可与尊重，可是，你是否想过，你需要付出多大的努力才能赢得所有人的赞许？你之所以不安，就是因为把自己包裹得太紧，无论是情感，还是生活，都生怕出一丁点儿的纰漏，这样患得患失，反而给自己带来不必要的麻烦。

跟领导说话，你会不安；跟异性吃饭，你会不安；沉默时，你会不安；朋友离开，你也会不安，种种不良的现象叠加起来，你的痛苦就会加倍。从某种意义上来说，你只是想保护自己，完全没有和对方交流的意愿。你总是在心理上过分依赖别人，甚至倍感孤独，你特别希望有人来疼爱自己，可这个人就是迟迟不出现。

当你在社交圈越混越熟，认识的有钱人越来越多，经手的诱惑自然也越来越多，但你绝不能因为外在的诱惑而丧失自己的底线。你应该理性地判断周围的人和事，时间会帮你解决所有的困难，对于过去，你已经怀念不起；现在的你，能做的只是努力和等待机会，也许你还不清楚自己的未来会走向何处，不要觉得不安，要给自己信心，相信自己的未来会前途大好、风光无限。

6. 烦躁，是因为迷失了人生的方向

在人生的岔路口，你不免要停下脚步，驻足思考，有些人因为一不小心的错过而懊恼，有些人却因为一时犯下的过错而烦躁，这样一步错，步步错，剪不断理还乱，不捅娄子才怪。

如果有些事情令你伤神费力、烦躁不安，不妨先静下心来，让一切顺其自然。摆脱了阴暗面，一切自然会向好的方向发展。

这是一个开放的社会，每个人都有实现自我人生价值的机会。机会多，诱惑也就多；心乱了，行为上就会失措。人一旦心烦气躁，就没办法透过现象认清事物的本质，往往因为缺乏正确的思考而走错路、做错事。烦躁比麻木更可怕，它让你心难安，神难寝，惶惶而不可终日。

心烦气躁者，学习上不求甚解，心不静，也坐不住；心烦气躁者，工作上眼高手低，不勤奋，不刻苦。他们的生活状态犹如一口总在沸腾的大锅，里面什么也没煮，却总是七上八下，热气腾腾。如果你只是一味地哪里露脸，就往哪里

钻，追求表面功夫和短期效应，无责任感，无使命感，你终将一事无成。

若是你正陷入烦躁的苦痛，不妨尝试用一种恰当的调和剂去改变自己的内心。在中国，北方人普遍性格豪爽，处事大大咧咧，比温和的南方人更加容易烦躁，很可能一句话不称心，就拍桌子、大打出手。你也可以做一个心思缜密的柔情汉子，改变自己暴躁不安的性格，使自己变得冷静。感到烦躁时，应该经常静下心来自我反省一番，生活就像满是路标的大道，手握方向盘，处理好各种矛盾，生活自然会一帆风顺。孔夫子之所以被称为圣人，就是因为他懂得静心，从不心烦气躁，通过不断的自省，完善自我的思想行为，终而一步一步攀上至高的殿堂。

作为一位知名的欧洲记者，卡布尔曾因为一幅反映苏丹大饥荒的新闻照片荣获普利策奖。那是一张触目惊心的照片：一只专吃死尸的兀鹫，正用它贪婪的目光盯着一个因饥饿而瘦得皮包骨头的小女孩，盼望她早点死后，好食掉她的肉。

照片一经发布，立刻引起社会的广泛争议，一些媒体同行质问卡布尔："在别人危难的时候，为什么不伸出援助之手？你作为记者的良心何在？"可能是问题太过尖锐，卡布尔完全没有思想准备，一时下不了台，此后的一段时间他总是焦躁不安，抽烟酗酒，大门不出，不睡觉，不开灯，陷入深深的自责之中，因为连他的朋友、家人也不原谅他。六月的一个晚上，年仅33岁的卡布尔在绝望中自杀了。

烦躁，就像是一种精神的流行病。人生短促，世事纷繁，每个人都是匆匆过客，有时候自以为明白，却比谁都糊涂。烦躁的你，对人生缺乏信念，对生活缺乏了解，尽管整日忙忙碌碌，到头来却仍是一无所获。

烦躁，是因为在前行的路上迷失了自己。你每天都在想，如何先别人一步走向成功。别人的成功，给你造成了一定的压力，你急于将自己尚不成熟的想法付诸实践，你想以逸待劳、不劳而获，可结果却一败涂地。这个世界上，从来都没有免费的午餐，就算有，那也是最后的晚餐。你付出一分的努力，才能获得一分的回报，没有人能随随便便成功。

烦躁，让你无所适从，以至于一步步走向生活的悬崖边上。你也许看不见人世间的真善美，一颗心完全被扭曲的价值观占据。你可能刚刚告别了物质的贫穷，却又在不经意间步入了精神的贫穷。滚滚红尘，物欲横流，面对经济转轨、社会转型、竞争激烈、信息爆炸的多元世界，一定要拒绝浮躁，给心灵一片和谐滋润的绿地。

无论是谁，在现实生活中都会面对很多的困惑，也会经历不可避免的苦难。但你应该清醒地认识自己，认识生活，一味地烦躁，只会让自己陷入困苦之中，从而迷失自我、迷失人生的方向。烦躁者的双手永远也托不起一份辉煌的事业，烦躁者的双脚永远也攀不上胜利的顶峰。看一看古今中外那些成大事者，几乎各个都具备沉稳的性格，无论在什么环境下都能耐得住寂寞，经得起诱惑，保得住操守。想要在事业上取得成功，拒绝烦躁是第一步。

拒绝烦躁，首先要拒绝的是自己的虚荣心，让头脑降降温，给心灵冲个澡，看淡荣辱得失。一定要远离名利的诱惑，摒弃急功近利的心理，静下心来分析利弊，找准目标再行动。只有这样，烦躁这头不安的野兽，才会从你的心底逃离。跳出烦躁的生活圈子之外，静心地欣赏生活、反思生活，相信自己，你一定可以获得更多的生活认识，走向更高的人生境界。

7. 幸福离不开钱，但有钱不一定就幸福

幸福是什么？幸福是奉献，是给予，是获得，是享受。现代社会，要生存，要立业，要办成一番大事，都离不开钱。但反过来，认为“有钱就有幸福”，也是有失偏颇的。有人甚至把这种观点奉为至宝，为了钱，不惜出卖自己，出卖朋友，有的人为了钱，不惜搭上性命。钱与幸福真的有必然的联系吗？钱，可以换来享受，但不一定能换来幸福。

谁都无法否认钱的重要性，它是一切物质生活的基础。有了钱，也就有了较为舒适的物质生活。钱，虽说只是象征财富的一张普通的纸而已，可是在这个世界里，谁都需要它为自己的幸福做铺垫。假如人们靠自己的劳动去积攒财富，

他的精神生活是愉快的，生活的幸福指数自然也不会低。若是作为工薪阶层的你，月收入从最初的三千元逐渐涨到五千、八千，然后超过一万五，甚至达到两万时，你的幸福感自然会随着收入的增长、个人财富的增加而逐步获得提升。在这一阶段里，收入和财富的增长，与你的幸福感最成正比。

钱财，本身不能带给人幸福，幸福需要自己去寻找，它无法用语言表达。当你真心感受到快乐时，那你就是幸福的，与钱财无关！赚钱是人们普遍的愿望，但是人生的意义绝不是一味地追求金钱。沉迷于“拜金主义”的旋涡中的人，不仅得不到幸福，反而会因为钱失去幸福，国外流传这样一句话，“金钱买不来时间和真情”，细细一想，的确如此。

古罗马有一位皇帝，名叫尼禄，在当时可以称得上富甲天下了，可他从来都不认为自己是幸福的。尊贵和富有，使他兽性大发、弑母戮师，甚至荒唐到大烧罗马城，最后落得个众叛亲离的下场。曹雪芹笔下的贾宝玉，自幼出身显赫，过着饭来张口、衣来伸手的奢侈生活，身边还有袭人、麝月一帮丫鬟作陪。你能说他不幸福吗？可他最后偏偏遁入了空门。一个被封建礼教禁锢、没有丝毫自由的人，幸福对他而言才是奢侈。

有了钱，可以办很多事；但有了钱，不一定幸福。人有善恶之分，一个心灵富足的人，可以驾驭名利，帮别人创造幸福；而一个精神空虚的人，往往会被金钱所驾驭，沦为金钱的走卒。正如一个研究者所形容的，开奔驰上班的人，并不一定比坐公车上班的人幸福很多。而极少数巨富人群的幸福感，仅仅比一般人稍高一点，而他们的财富却远远超越普通人群，财富和幸福感不成比例。幸福是由物质和精神两种“财富”共同构成的，只顾物质享受而忽略精神，不算是真正拥有幸福。

幸福的人与不幸福的人，对待金钱的态度也有很大不同。幸福的人重视家庭和健康，工作和收入永远摆在第二位；但那些自认为不幸福的人却毫不犹豫地把财富摆在首位，家庭和健康次之。生活的目的不是赚钱，赚钱是为了更好地生活。盲目地累积财富，你的一辈子牺牲会很多。试想，当有一天你的钱财垒成了山，你的生命却岌岌可危，空有一堆庞大的天文数字，又有什么用呢？

有人说，比正处于痛苦之中的人快乐一丁点儿，就是幸福。有的人没有钱，生活很不幸，但他很乐观，能够积极地面对人生的每一件事，也许在别人眼中他并不幸福，而实际上他自己从不会这样认为。幸福，每个人都希望获得；痛苦，每个人都嗤之以鼻。但人们往往被名利冲昏了头脑，只想着如何升官发财，对待生活如此的麻木不仁，幸福又怎么可能会降临到他的身上呢？

如果仅仅把钱当作生活中的一小部分，几乎不去想钱的问题，你就会变得很快乐。为了实现这一点，你应该保持清醒的头脑，尽量避免欠债，一旦债务缠身，你想不烦恼都很难。一个记者在大街上问一位盲人：“你整日生活在黑暗之中，难道不觉得痛苦吗？”盲人回答：“我有什么好痛苦的？说真的，我很幸福。和聋子相比，我能听见声音；和哑巴相比，我能说话；和瘫子相比，我能行走。”

是啊，拿自己的收入跟世界首富相比，谁都会感到痛不欲生。只要我们把心态调整好，赚自己该赚的，花自己该花的，就是幸福。就比方说大家看足球比赛，一开始大家都是坐着看，但是为了看得更清楚，只要有一个人站起来，大家都会接二连三地站起来。实质上，无论站起来，还是坐着，看清楚的程度是一样的，但大家就是愿意兴奋地站着。对于物质的追求也是如此，从幸福的角度来讲，这样做无异于自我消耗。

8. 百年之后，哪一样是你的

也许你会发觉，很多人都只是你生命中的过客，他只会陪你走一段，然后匆匆离开。其实功名利禄亦如此，生不带来，死不带去。因为在乎，才会害怕失去，一旦失去，就感到痛苦、恐惧。可曾想过：百年之后，有哪一样会是你的？

这个世界上，永远有你在乎的东西，财富、地位、名誉，甚至物欲。从你生下来的那天起，你就与这个世界建立了不可分割的关系。

你也许为了事业或个人的前途，而剥离了你最重视的亲情。在你的一生中，让你心动的可能是一份遗产、一笔巨款，抑或是某个让你心动的男人或女人，但往往心底最牵挂的却是你的父母亲。血脉之情是割舍不断的，无论何时，他们都不会抛弃你。十月怀胎，是父母给了你生命。浪子回头，最先接受你的必定是他们。正因为如此，你对这份感情最放心，你不会害怕失去。

树欲静而风不止，子欲养而亲不待，生命是残忍的，你不可能和他们一同老去，所以你必然会感受到失去的痛苦，留下无限的怀念与悔恨。你在乎吗？实话说，太在乎了，可是你毫无办法，这就是生活。你体验了合家团聚的欢乐，就得承受生离死别的痛苦。

当你随着岁月的足迹一天天长大，离开父母的怀抱，走入校园。从这一刻起，你有了理想，有了长远的打算，有了对人生的定位，你以为，这一切都会实现。可是，你越害怕什么，就越早失去什么。走出校园，你会踏入新的环境，迈向了更高的学府，可是你失去了朋友，收获学历的你，又成了孤家寡人。

古时候，有位陈员外，经营着一家酒楼，生意做得十分红火。可是，员外既没有儿子，也没有女儿，只得独自一人，居住在一所庭院里。陈员外每天起早贪黑，经营自己的酒楼，拼命赚钱，一刻也不肯停下。就这样，赚回了很多的钱，可员外却又是个吝啬之人，平日粗茶淡饭，穿破旧衣裳，从不轻易花一文钱。要是有人向他借钱，他总是不问缘由，一口回绝。

这天，一个贫困的年轻人来找陈员外，可怜巴巴地说：“我的老母亲一直瘫痪在床，今年年景又不好，家里快揭不开锅了，求您发发慈悲，借一点钱给我吧。”陈员外就像生了铁石心肠，毫不怜悯地说：“你求我有什么用呢？我没有钱！”年轻人跪在地上，只知苦苦哀求，员外实在是烦心，只得走进内室去取钱。他慢吞吞地拿出10文钱，走一步减掉一个，等他走到外面，只剩下5文钱了。于是极不情愿地把钱交给年轻人：“我把全部家业都拿来助你了，可千万别对别人说啊，我再没有钱接济别人了！”不久，陈员外死了。因为没有子嗣，酒楼被官府没收，积累的钱财也都充入国库了。

钱财生不带来，死不带去，本是供人用的，陈员外却被金钱驱使，成了钱的奴仆。在处理钱的问题上，我们可不能学陈员外，要让金钱用到该用的地方去。

如果说生活是一艘承载着希望和悲伤的大船，那幸福就是浓缩了苦与乐的小舟。若是得不到幸福，一定不要心存怨恨憎恨。有些事，你越上心，它反而离你越远。怨恨一个人，是丑陋的，不要让一切美好的东西，被丑陋玷污。

很多人这辈子最痛恨的事就是背叛。他们往往不甘心如此，却又屡屡遭到欺骗。因为对金钱和地位太在乎，忽略了身边所有人的感受，才酿成了今日之悲剧。直到有一天，你事业受挫、人生遭遇低谷时，你才会怀念曾经拥有的人或事，你纵然铁石心肠，也仍会时不时地想念他们。

回头想想，人这一生，一定会有几个真正的朋友值得你在乎。然而，你也会看走眼，交错朋友，甚至遭到背叛与利用。这时候，大可不必愤怒，也无须烦恼，因为他们在背叛你的同时，也承受着失去你的痛苦。名利算什么？这个世界上，物质带给人的痛苦远远大于精神，舍去欲望与仇恨，看淡痛苦与名利，人才能更加自在地生活。

有些东西，可以在乎一时，但不必在乎一世。百年过后，有哪一样是你的呢？名利如浮云，看淡一些，有舍才有得。

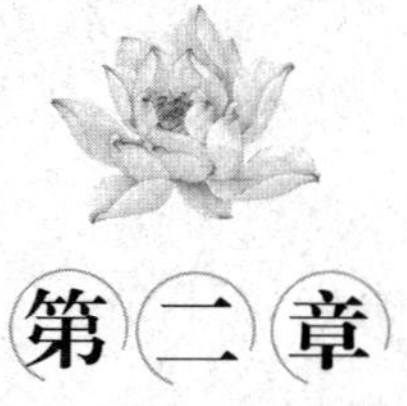

第二章

卸去心头繁杂事，还内心一片宁静

心乱一切乱，一颗小石子，都可以击碎一个人的内心。人生如棋，要一步一步下。无论成功还是失败，都不要刻意地去控制。该来就来，该走就走，静心为之，才能做自己的主人。只要眼中有方向，心中有目标，迟早有一天，终当攀上人生的高峰。

1. 人生不是演出，请摘下虚伪的面具

一个人的人生若是失去平衡，势必要将虚伪当作自己的救命稻草。对一个意志消沉到极点的人，落入虚伪的“圈套”是迟早的事。很多人以“虚”作为处世之金针，以此满足个人利益，并达到某种生存的目的。很多时候，人们都戴着一副虚伪的面具，即使面对镜子，都时常无法看清自己。斗转星移、沧桑变幻，人生最大的敌人很可能不是别人，而是自己。

你可曾想过：现实生活中，人为何会变得虚伪？一个人，为什么会被冠上“虚伪”的帽子？

虚伪的人身体里还有另一个影子，那就是自卑。一个人极度自卑的时候，很容易被“虚伪”俘获。因为他要向所有人证明，他也可以拥有很多，也可以比谁都幸福，他不需要任何人的同情……

一直以来，李梅都对父母耿耿于怀，幼年的时候，父母不在家，有一次她打翻了热水瓶，右脸被严重烫伤，从此留下了难看的疤痕。为了她的婚事，母亲可谓是操碎了心，求亲戚托朋友，相亲的对象一个接着一个，可就是没有人瞧得上她。看着女儿死活嫁不出去，母亲心里也不是滋味！李梅大学毕业那年，老妈联系了一家整容医院，抱着试一试的态度，逼着李梅进行了形象改造。手术结束后，李梅对着镜子一看，发觉原来难看的黑疤终于被光滑的“皮肤”所掩盖，整张脸看起来毫无瑕疵。从此，李梅仿佛迎来了新生，很快就找到了情感的归宿。一个名叫王冰的网络公司程序员很喜欢李梅，李梅和母亲也对这个准女婿十分中意，因为他年轻有为，不到三十就有了属于自己的房产和汽车。

一天，王冰邀请李梅到老家玩，说父母想见见未来的儿媳妇。当李梅掂着丰厚的礼品来到王冰家，看到王冰的父亲时，李梅一下子怔住了！原来他就是给自己整过脸的医生！可他好像装作不认识李梅一样，态度和蔼可亲，谈笑自如。很快，两家人就商量起了李梅和王冰结婚的事，并定了吉日。结婚那天，李梅激动地对王冰说道：“这房子真漂亮，一定花了不少钱吧？”王冰醉醺醺地说道：“其实一分钱都没有花，这是我姨妈的房子，车子也是我爸从朋友那里租来的……”李梅感觉自己受到了欺瞒，气愤地说道：“你这个虚伪的家伙，为什么要骗我？”王冰轻蔑地说：“我虚伪？你比我更虚伪！我的车和房是别人的，可是你连脸都是假的！”

现代社会，人们过分地看重物质，看重资本。生意场上，一些人为了推销自己的商品，整日奔波于各个商家之间，说尽好话，赔尽笑脸，看似诚心诚意，实则绵里藏针。一旦买卖成交，马上抱着钞票跑得无影无踪。俗话说，吃一堑，长一智，你对我来虚的，我凭什么要与你坦诚相对，于是人与人之间的戒备心理很快就产生。

虚伪让人盲目，真实则令人振作。若是一个人整天沉湎在虚伪的生活中，他的一切都将变得浑浑噩噩，以至于大半辈子过去了，对自己的人生也说不出个所以然。有些年轻的朋友，整日沉迷于梦幻的网络世界里不能自拔。客观地讲，网络就像一张隐形的幕帘，将真实的面目加以遮掩，人们往往可以肆意地将自己塑造成心所向往的偶像。真实的环境则不同，人若是振作而独立，即便生命再短暂，也会像流星一样留下璀璨的轨迹。爱情也一样，虚伪的爱情就像满天飞的柳絮，这里停，那里飘，永远不会安宁；真实的爱情却可以如潺潺的流水一般，无论生活有多艰难，仍能在困境中擎起一片靓丽的晴天。

有人说，虚伪是一种社会现实，根本避免不了，此言差矣。若生活依然满目疮痍，那辛苦的奔波岂不是毫无意义？游走于城市之间的人们大都戴着伪装的面具，也许面具下面的人，才是他们最真实的自己。人只要对自己不满意、不认同，并极力想要掩饰不足，虚伪就似草蛇灰线一般，时隐时现。事实上，那些与名利相关的东西，都只是一种物质获得的形式，人只要活得真实，活得单纯，这些大可不必放在心上。生活本就应该是真实的，可人们就是愿意用自己虚伪的行为去背叛它的本意。

人生本来就应该简单而纯粹，很多时候只是我们自己将它复杂化了。每个人都有能力让自己的人生丰富一些、多彩一些，也许你会经历挫折，也许这段路会走得格外沉重，但毕竟它是真实的，真实就是一种经历，就是这一点一滴的真实，才构成了最鲜活的人生。

2. 心有杂念，生活就是活坟墓

在世事浮躁的今天，人们往往很难固守心灵的一方净土。心中的杂念太多，生活很快会乱成一团。心如止水，才能不想入非非。以平常心待人接物，成功了不骄傲，不膨胀，不夜郎自大；失败了不气馁，不烦怨，不自惭形秽。人的一生总有大大小小的目标，这些目标像奇妙的音符一样，唯有有条不紊地串联起来，才能奏出华彩动人的乐章。

心无杂念是一种心态，一种修养。生活当中，我们随处会接收到信息，比如听到动人的音乐，会不自觉地去想，它从哪里过来的；闻到远处飘来的熏香味，就会想知道它是用什么材质烹制的……有些人在椅子上坐一会儿就发呆，不停地胡乱想象，并很快陷入千丝万缕的烦恼之中。其实，当我们在思考问题的时候，外界的一切都在发生着巨大的变化，我们的想象会受到外界的干扰，就像风吹水面所产生的波纹一样，想得过于复杂，不一定会得到良好的回应。

从前，有个秀才，外形俊朗，人也聪明，而且学习格外刻苦。可就是有一点不好，老是胡思乱想，杂念横生。为了静心，他常常打坐，日日诵经，时时念佛，三个月下来，他的心性一点儿都没变。后来，有位老师告诉他：山上有位禅师，道行极高，可去拜他为师，学习禅悟。

于是，秀才带着老师的一封推荐信，匆忙地上了山。见到禅师，他便问："师傅，我这么用功，怎么就一直开悟不了，做不到心无杂念呢？"

禅师捋了捋胡须，随手拿起一个葫芦，并掬了一把粗盐，让秀才将葫芦灌满水，再把盐倒进去使它立刻溶化。禅师告诉他，如果能做到这样，从此就可以做到心无杂念了。于是，秀才就照禅师说的做了。可是，葫芦口太小，水装满后盐倒进去没有办法立刻溶化。无奈之下，秀才只好放弃，告诉禅师自己做不到。

禅师听后没说什么，只是淡淡地笑了笑，接过葫芦之后，"哗哗"地倒掉一些水，用手摇了几下，盐很快溶化了。秀才这下愣住了，似乎若有所悟。等他情绪渐渐平复，禅师才告诉他："一个葫芦里的水满满的，没有办法摇动里面的水，盐自然就没有办法立刻溶化。如果一个人一整天都在学习用功，没有平常心，就如同装满水的葫芦，如何开悟得了！"

心神安定的人，从来都不会被看不见的烦恼所困。听只是听，看只是看，尝只是尝，闻只是闻，触只是触，根本不会想太多，就像佛家所说的，当心中那个烦怨的"自我"不存在了，内心的苦恼自然也就止息了。无论什么时候，思维都不应该过于慌乱，想东想西，到头来什么都想不好。

生活在这个纷繁复杂的社会，人们的内心往往比较浮躁，被各种杂念所充斥，心灵自然得不到安歇。人们总是过于在乎别人对自己的评价，并热衷于追求各种各样的利益，总想找到通向成功的捷径……正因为这样，才做不到心无杂念，经常彷徨于人生的十字路口，不知道自己该往哪里走。是时候该将自己心中的杂念沉淀一下，学着去珍惜现在的生活了。

人生无论走到何处，不管做人还是做事，心无旁骛、一心一意总是没错。人的一生，时间有限，精力更有限，又没有三头六臂，怎么可能事事周全？在人生的旅途上，切忌三心二意、心生杂念，不艳羡别人，多关注自己，因为只有属于自己的东西才最宝贵，只有适合自己的道路才最珍贵。做人要静心，不奢望永恒，只思考现在，在自己最擅长的领域创造最大的价值，只要展现出自己最美的那一面，就是最大的成功。

生活还是要自然、从容一些，不要去刻意控制某件事的结果，也不要过分痴迷一件东西，该来就来，该走就走，任何时候，静心为之，才能真正做自己心灵的主人。无论成功还是失败，只要眼中有向前的目标，心如止水，迟早有一天，必当攀上人生的巅峰。

3. 随时给生活做个大扫除

人们的身心，就像一间密室，总需要阳光的照射。面对生活的压力，有些人过早地倒下了，不是外部形势有多严峻、压迫有多大，而是内心疲惫了、精神崩溃了。给生活做一次大扫除，整理烦乱的心情，让积极、阳光的情绪取代头脑中灰暗的杂质，使人孑然一身，不再被烦恼所困。

观察一下周围的人，不难发现：有些人习惯于整洁、干净的生活，有些人却总是脏兮兮，从人到屋子，一无是处。生活的细水长流让每个上班族看上去呆若木鸡，越简单的东西反而被他们越早抛弃。爱惜一下自己的生活吧，闭上眼睛，适时地清理一下因时间流逝而遗留的尘埃，你的人生势必会焕然一新，给人以眼前一亮的感觉。

在现代人的生活中，竞争的压力无处不在，能否在复杂的竞争中立于不败之地，不仅取决于已有的学识和本领，更取决于强大的内心。若是纵容烦乱的情绪长期充斥内心，光辉璀璨的人生还会向你招手吗？

北宋诗人苏轼原本官居翰林大学士，只因为年少气盛、锋芒毕露，很快就丢了官，历经了人生的劫难。曾几何时，他是多么的风光得意，他的书法漂亮而工整，他的诗磅礴而大气。别人没有他的才气，当然心存嫉妒。而今落难，没有一个人安慰他、送别他，悲愤之际，只得写下“大江东去，浪淘尽”的诗句来。

有一回，苏轼跑到黄州的夜市喝酒，酒醉之时，不小心撞倒了一个满身刺青的壮汉，那人把他摁在地上说：“什么东西，胆敢碰我！”说着拳脚相加。挨了一顿暴打，苏轼忽然笑了起来，回家写了封信给好友：“自喜渐不为人知。被这人一打，我心中的烦忧与愁苦好像一下子消除了！”大概人只有在落难时，才能觉出生活的苦味，呈现出另一种包容，另一种释然。自那以后，苏轼不再得意忘形，开始在边隅种田、写诗，百味杂陈到最后，只有一种味道，这便是“淡”。

一碗白稀饭、一块豆腐似乎没什么味道，可对于清心寡欲之人而言，这就是人生最好的味道。

人若是过早地被激烈的竞争和残酷的环境压弯了腰，人生岂不是要从此陷于无尽的苦痛吗？很多人只得默默地忍受一切痛苦、压抑和无所适从，然后默默地陷入消沉。也许有人会说：我能怎么样，就算有天大的本事，我能改变环境吗？这样想可就错了，如果真的想要改变环境，首先当然要从改变自己做起。

闲暇时，多做运动，及时排遣平日里积攒的紧张情绪；选择一个好日子，走出家门，走向户外，在公园的长椅上晒晒太阳；多抽出点时间陪伴家人，重视与父母、子女的交流，真诚地倾吐自我的心声……扫除尘埃，黯淡的心才会变得亮堂；整清思路，烦乱的心思才会被彻底驱除；扔掉无谓的痛苦，自由和快乐才有了扩充的空间。

时间在一分一秒地流逝，不要让你的人生变得麻木而颓废。所以，壮志未酬之前，千万不可输掉自己的内心。歇一歇吧，给疲乏的内心来一次干净的大扫除，放下所有的压力，将倦怠一扫而空，斩断忧郁的尾巴，重新开始崭新的自我。

4. 快乐不是生活的赐予，而是心灵的领悟

有人说，快乐就像是克服困难之后的战利品，是盛开在我们心灵深处的一朵娇羞之花。快乐就是一杯醇香的酒，小酌一杯，妙不可言。真正的快乐，谁也拿不走，谁也不能占据。简单的快乐，就像每天照常升起的太阳，油然而生，若是感觉到温暖，说明它就在身边，从未走远。

有些人习惯了富裕奢华的生活，但是他们的内心是不知满足的，他们日思夜想的是钞票，是如何过上更加幸福的生活，他们每天都在拼命赚钱，夯实自己的基业，所以快乐对于他们而言，就变成了一种奢侈的享受。一味在苦难的海洋里挣扎，快乐就无从谈起。

人呀，别再无谓地怅惘了。在我们的生活中，快乐肯定要多于烦恼，只是快乐的事就像淅沥的小雨，总是在我们的脑海中稍纵即逝，我们还没来得撑伞，它已经消散不见了。可是烦恼却像一笔一笔的负债，让我们久久难以忘怀，始终占据着我们的内心。有时，你只是忘了戴手表，忘了取钱，没吃早饭，成绩差了一点点，薪水减了三百块而已，你当真要为了这一时的不快而痛苦三天三夜？只要静下心来，会心地笑一笑，那一堆一堆的烦恼说不定还会成为生活的调味剂。

李青是一个年轻的网店老板，住在五环外的一个阁楼里，整日大门不出，就在小屋里办公。妻子不在，他还得每天照看两岁不到的孩子。

李青最厌恶的就是小孩的哭闹声。这让他无法专心工作，心情也会随之变得烦躁。他非常讨厌这种感觉，有时候情绪一上来，还会冲着不听话的孩子乱吼。可这样的方法一点也不管用，反倒让哭声更加变本加厉。

有一次，李青偶然在一本书上看到一句话：对待孩子要尽量温和些。晚上，孩子又哭了，声音非常大，感觉是扯着嗓子吼出来的。李青正在跟客户谈生意，孩子一闹，紧张的情绪就快要宣泄出来了。正当他准备破口大骂时，突然想到书上的那句话，就想试试看，是否真的能停止这种让人不安的噪音。

李青小心翼翼地走到床边，看到孩子双眼红肿，脸色因为哭闹而变得涨红，他便轻轻拍打着小孩的身子，笑着对他说："小宝贝！不哭了！妈妈马上就要回来了，乖乖的，听话！"李青正在为接下来要说什么而苦恼，怎料孩子已经笑了。从那以后，李青再也不用为孩子的哭闹而烦心了，心情舒畅了，工作也一天天顺利起来。

烦忧不是解决问题的最好办法，遇到困难，不要把痛苦挂在心上，努力地笑一笑！俗话说：先苦后甜。拉开窗帘，闻着浓浓的花香，回忆过去的美好时光，让阳光尽情地晒在脸上，一切的烦恼都会烟消云散。不信，你试试！每天早上，喝一杯清茶，心情自然会轻松自在，用这种心情去面对每一个人，不仅你快乐，别人也会感受到快乐。

时时刻刻提醒自己，应该开心地过每一天。人生如梦，顺少逆多，总有学不完的知识，总有领悟不透的道理，也总有一些烦心之事闯入心底。总之，千万不要总是跟别人过不去，更不要跟自己过不去。遇到不顺心的事，试着安慰自己：我和其他人并没有什么不同，我也可以让自己过得快乐一点，虽然不能从物质上满足自己，至少可以从精神上弥补心灵的空虚。

快乐是可以传递的，它是一条节日的祝福短信，一声亲切的问候，一杯温热的咖啡，捧在她的手心，暖在彼此心间。这世间最美丽的表情就是微笑，你以微笑示人，你的笑容就会化作一颗充满魅力的星星，微笑的星星多了，再黑的夜晚也会璀璨动人。如果想天天拥有世间最美丽的表情，就请把开心当成一种习惯吧！

5. 心小不容蝼蚁，胸阔能纳百川

万花丛中过，片叶不沾身，胸怀空空，花香常在。心有多大，舞台就有多大。一个人的胸怀，决定了他人生的高度。一个人安身立命，胸怀坦荡，才能释放出才情和最大的能量。

这个世界上，胸怀大海的人不多，心胸狭隘的人却不少。如果每一次都从自己的角度去思考，总觉得别人的观点与思想不合理、不入流，那么每一次判断都必然是片面的、主观的、狭隘的。工作中，每个人都有自己的一套标准，若执意按照自己的想法办事，就很可能成为最愚蠢、最不可行的一套标准。只有眼里容得下别人，看到别人的角度，自我的视野才会变得宽广，心胸也会更加开阔。如果任何时候都只看到自己的角度、只关注自身，那必然要被归入偏执、冥顽不灵的圈子，遭到别人的冷遇。

心胸广阔不是一朝一夕就能达到的，除非感受到了内心平静时所酝酿出的那种力量。人只有不断地锻炼自己的心智，不断地打造自己，认清好坏，冷静地体会生活，才有可能真正提升自己的人格，从而展露出广阔的心胸。如果太过于注重自我，就很容易导致重心不稳、心理失衡，为了一点小事与朋友怄气、大打出手甚至断绝往来，以至于内心的堡垒也被一层层地攻破，内心的平静也会从此一去不返。享受了短暂报复“快感”的同时，伤害了别人，自己也会因此付出惨重的代价。一旦心态失衡，心胸就会变得像蚁穴一样狭隘，只需要一片乌云，就可以掩蔽人生的整个太阳。

心胸宽广之人，都有一个共同点，那就是志存高远。所以他们不会过于在乎眼前的成败得失，因为它根本说明不了什么。同样是一块绊脚石，如果只盯着它看，那必定是一道阻碍成功的万丈深渊，但如果放眼将来，它很可能就是成功路上的一块垫脚石。有人说，人的胸怀是憋出来的，这话不假，但更多时候，它所体现出的还是一种智慧的结晶。小不忍则乱大谋，孰轻孰重，唯有胸襟博大之人才能体会。

一个人的胸怀有多大，他做成的事情就有多大。胸怀，可以让一个生性懦弱的人变得强大；可以使个子矮小的人在别人眼里变得高大伟岸；胸怀，能使一名弱女子充满大丈夫的英雄气概；胸怀，能使失败者昂起头颅，走过别人不敢走的路、攀上别人到达不了的高峰。

在每一个成功人士那里，智慧和机遇是他们登上高峰的第一步，可他们少不了一样东西，那就是宽广的胸怀，因为这才是助他们攀上顶峰的法门。如果一个人心胸广阔，凡事从大局出发，能够唤起众人的认同和共鸣，又博采众长，群策群力，想必他日必成大器。

生活中，丰富的阅历是培养宽广心胸不可或缺的要素。那就是要有胸怀，要有境界。说起来容易做起来难，现实生活当中，要想做一个有胸怀的男人，又是谈何容易。一般而言，父亲的胸襟大都比儿子要广，一个人只有经历过人生的诸多际遇，积累下丰富的人生经验，才会在遇到任何问题的时候都从容应对。

当烦恼、悲伤和苦闷像潮水一般汹涌袭来时，我们的心胸能否像大海一样包容呢？试想一下，一个斤斤计较得失的懦弱之辈又怎么会有所作为呢？生活中，即使有时候环境给予了你不平等的待遇，也不要太过在意，宽广的心胸能证明一切。如果做到这一点，人生就再也没有什么困难能拦住我们。

古人云：海纳百川，有容乃大。一个人最大的魅力，往往不是过人的外貌，也不是独特的气质，更不是渊博的学识，而是博大的胸怀。无论得意还是失意，不要做一只器量极小的杯子，而应学会大度容人，终成纳得百川的大海。胸怀博大的人，从来不在蝇头小利上与他人争高下，也不会为了眼前的利益与人论短长，这样的人视名利淡如水，遇挫折不灰心，极有可能成就一番大事业。

如果不能打破心中的壁垒，即使给你整个世界，你也感受不到自由的美好。一个人只有放开自己的胸襟，才能饱览无限的美丽，收获更精彩的人生。

6. 向着阳光，阴影永远在你背后

有人说，生命的意义在于不断寻找，寻找阳光，寻找精彩，在不懈的追求之中，收获美好的未来。用一颗寻找的心去感受生活，用一颗热情的心去体验工作，那么，你的每一天都将被灿烂的阳光围绕，一切失落的阴影也都将离你而去。

人生，永远是过程重于结果。向日葵之所以开得绚烂，只因为向着太阳。如果你不能乐观地感受过程，到头来就只能悲观地接受命运。这个世界总会有阴暗面，也总会有人受伤，可是这个对号入座的人不一定非得是你，你又何必挤着往悲观的人群里靠拢呢？一缕阳光从天上洒向地面，也可能有照射不到的地方；如果你的眼中永远只有阴暗，那很可能这一缕阳光就不属于你。

不可否认，现代社会的竞争压力着实不小，但就业、创业的空间依然很大，机会依然很多，成功的人也大有人在。竞争是残酷的，可竞争并不需要刀刀见血，并不需要剥夺快乐。正所谓“适者长寿，仁者无敌”，如果整天都活在竞争上岗的紧张氛围里，人又怎么可能乐观得起来？扪心自问，面对生活，我们对于自己的未来又有几成把握？有些事我们本就改变不了，再自哀自怜也没有用。

人生无论任何时候，都要迎向前方。过多地沉迷于过去，只会让自己在失败的阴影下停滞不前。做人，很重要的一点，就是要学会控制，控制金钱就可以得到财富；控制感情就可以得到幸福；控制餐饮就可以得到健康；控制情绪就可以得到快乐。如同一株向日葵，只需一米阳光；多余的光照投射过来，反倒不好。学会控制，你才能得到更多。

积极向上的心态，从来与你的地位高低、职务大小、财富多少无关，露珠虽卑微，却能折射出太阳的光辉，人生的价值和意义，永远取决于当下，而不是复杂的过去。你如何对待生活，生活就怎样对待你。你向这个世界奉献得越多，你得到的爱的阳光也就越多。有时候，人之所以内心失衡，那是因为内心永远阴云密布，极容易滋生贪婪、畏缩和嫉恨。别人犯了错，大方原谅；自己犯了错，及时反思。心底的阴影消除了，才能踏实地走好脚下的路。

心理学陈教授找了 9 个学生开展了一次实验。他让学生一一走过一座弯曲的小桥，并告知他们千万别掉下去，不过掉下去也没关系，下面的水最深处也不过两米。

学生们听完教授的话，纷纷走过去了。这时，陈教授打开了门口的白炽灯，透过盈亮的灯光，九个人看到桥底下除了水，还有几条正窥视着他们的鳄鱼。这时学生们才感到害怕地叫了起来，并庆幸刚才没掉下去。陈教授冷静地问大家：现在谁敢走回去？学生们彼此对了下眼儿，没有一个人敢过去。陈教授只好语重心长地说："同学们，想象自己正走在坚固的铁桥上，坚强一点，就当自己什么都没看见。"诱导了半天，终于有三个人站了出来，愿意尝试一下。

第一个学生身形矫健，纵然心里十分害怕，可还是颤颤巍巍地过去了，但花费的时间几乎是之前的一倍；第二个人摸着边儿，两条腿哆哆嗦嗦地，走了一半再也坚持不住了，吓得趴在了桥上；第三个人走了不到三米，就吓得趴倒在桥头。所有人都吓得目瞪口呆，气儿都不敢喘一下。这时，陈教授打开所有的灯，鳄鱼们的四肢上全都绑着结实的锁链，根本动弹不得，原来是虚惊一场。这下大家不怕了，三三两两地挤着通过了小桥。只有一个人不敢走，教授问他："同学，你怎么了？"他平复了心情，慢吞吞地吐出几个字："我担心铁链不牢靠。"

试想一下，若是有人在前行的路上，别人告诉你前面有一口井，但却不告知你井的具体位置，你会不会心生阴影、一路忌惮呢？人生就是如此，一个心态消极的人，纵然嘴里天天念叨着成功，可成功就是不愿垂青于他。因为消极的心态深藏在他的潜意识里，虽然他极力想去克服，可仍旧感受不到生活最阳光的一面。

心向阳光，就是为自己重新定位、寻找直面生活的理由。只有内心被阳光笼罩，人才会变得自信、变得豁达，从此摆脱悲伤的阴影。当然，要把失败变成经验、苦难变成财富也是有条件的，只有你鼓足勇气战胜了它，才不会沦为它们的俘虏。

7. 把时间浪费在无用的“交际”上就是慢性自杀

卓别林说过：“时间是一个伟大的作者，它会给每个人写出完美的结局来。”毋庸置疑，任何人都应该有自己的朋友，正所谓物以类聚，人以群分，聚会可以交流各自的生活经验，增长彼此的见识。可如果这样的聚会到最后演变成毫无约束的吃喝玩乐，那只能是白白地浪费时间，消磨光阴。把握好时间的方舟，才能成为成功的人；在时间的渡轮上游荡，迟早会被生活所抛弃。

“交际”这个词，在现代汉语里所表达的含义似乎越来越复杂，日常生活中，我们把一帮人聚在一起胡吃海喝算作“交际”，即便这样的交际多少有些慢性自杀的意味，可参与者还是络绎不绝。也许很多人忽略了一个重要的细节，在成功者的眼中，他们更关注的是“社交”而非“交际”。他们极少组织或参加一些毫无意义的私人聚会，比起这些，他们更愿意和那些与自己志趣相投的人相往来。

在日常的工作和生活中，谁都不愿自己“被打扰”，日本的一家研究机构曾经出台了一份报告，一般人平均每工作 8 分钟就会受到 1 次打扰，平均每次被打扰的时间大约是 2 分钟，意思也就是说每一小时里，就有 12 分钟的工作是低效甚至无效的，而且这还不包括每次被打扰后重新整理思路的时间。

卡里姆是美国一所大学的高才生。平常，他也跟同龄人一样，热衷于网上交友、视频聊天，也算是社交网站的常客。很快，他在“推特”上关注的人就超过了 250 个，每天要花大约两个半小时的时间在闲谈交际上，一个月要发送大约 1500 条短信，打电话聊天的时间也超过了 10 个小时。

期末考试成绩下来了，卡里姆位列倒数第一，圣诞节期间，他多次遭到了家人和亲戚的冷嘲热讽。他将自己关在屋子里想了很久，终于有一个新的念头从他的脑子里冒出：截断一切网络通信。这一举动让他周围的同学都感到无比惊讶，他不跟朋友聊天，甚至连电视也不看，在家没事做就去学校，或者骑自行车去户外。体验了 3 个月“孤独”生活后，卡里姆的学习成绩也有了很大的提高，生活的良好习惯也就此养成了。

“一寸光阴一寸金，寸金难买寸光阴”，这样的道理人人都懂，可还是有人愿意在一些无谓的交际上虚掷光阴、荒废生命。很多年轻人毕业后，找不到工作，进出网吧、酒吧等娱乐会所成了他们灵魂的寄托，明明已经成年，还是给父母增添了许多负担，这些人一不小心就会掉进犯罪的深渊，成为社会的最不稳定因素。把时间浪费在无用的“交际”上，无异于慢性自杀，对一个人而言，时间就是金钱，时间就是生命，时间与生命永远是同步的，如果有一天失去了时间，那说明生命也走到了尽头。

朱自清先生在《匆匆》一文里关于时间有这样一番描述：“时间就像一个铁面无私、不动感情的老人，不会因你的任何举动停住脚步，它只会对你的虚度光阴抱以轻蔑的一笑，然后轻轻越过。”每个人活着，最大的意义就是实现自身的价值。有些人终生奋斗于一种事业，一个岗位；有些人却只会浪费时间，在酒精的醇香和温床的酣梦中度过。

古人云：花有重开日，人无再少年。一个人的社会贡献如果只体现在吃喝玩乐的应酬交际上，人生对于他而言岂不是长了些？珍惜时间的人往往学业有成，浪费时间的人到最后只能是一事无成！时间，就像一位隐形的先知，看不见，也摸不着，但却不能无视他的存在。我国著名的数学家陈景润，大半辈子都在研究 1 + 1 = 2 的命题，很多人嘲讽他浪费生命，到最后，他用超乎常人的成就回击了所有人的质疑。

时间对于每个人来说都是公平的，它不会因为你的富有延长你的欢愉，也不会因为你的贫穷缩短你的悲哀，关键在于你如何把握。

8. 及时放下，让心灵远离喧嚣

曾经有多少机遇摆在眼前，因为顾虑重重，可能只是犹豫了一秒，一切就已化作泡影；曾经有多少瞬间，可以触摸到幸福，因为一刹那的顾虑，不敢迈进一步，便成了生命中不可抹去的悔恨……放不下流逝的时间，放不下缘尽的感情，放不下倾颓的事业，很多时候，不愿放下，成为许多人的致命伤。放不下，既留不下，也拿不起，反倒成了一种负累，一丝忧虑。

放下，不是无谓的舍弃，更不是消极的逃避。在许多成功者的眼中，放下的只是熙熙攘攘的身外之物，获得的却是一次心灵的释怀。

在有些人看来，放下似乎只是一个容易的动作、浅薄的道理而已，但实质上，放下却是一种困难的抉择、执着的信念。人们之所以感觉不到幸福，恰恰就是因为放不下；反过来之所以放不下，恰恰又是为了追求更多更好的幸福。放不下金钱名利，放不下是非得失，放不下虚荣颜面，必然要失去人生的幸福和安宁。

是福是祸都得面对，是好是坏也都会过去。歌德说：

“生命的奥妙就在于，某些人为了生存而放弃生存。”人之所以感觉到心累，就在于不懂得释怀，不曾学会放下。与其背着包袱匍匐向前，不如放下包袱从容应对。与“神人共游”的庄子，无疑参透了“放下”二字的真正玄机。妻子去世了，他鼓盆而歌，真正摆脱了一切名利生死强加于他的精神桎梏，从而实现了人生修行的圆满。

尚且年少的李楠，母亲因病去世。面对这突如其来的打击，向来活泼开朗的她，一下子像霜打了一般，每天都在教室里一个人暗自垂泪，谁劝解她都不听。一天，化学老师知道了她的情况，便决定想个办法开导开导她。上课的时候，老师拿来了一杯水，同学们都很好奇，不知道老师要做什么。这时，老师言语平和地问大家：“你们认为这杯水有多重?”

学生们纷纷发表意见，有的说是20克，有的人说是50克。这位老师突然走到李楠的面前，郑重其事地问道：“这杯水有多重倒在其次，重要的是你能拿多久？请大家仔细思考一下。”看到大家一时没有答案，他接着说：“拿一分钟，每个人都没有问题；拿一个小时，可能有许多人感到手腕酸痛；拿一天，有人很可能累得昏过去。其实我非常同情某位同学的遭遇，我听说她因为母亲的去世，已经在教室里哭了一个多星期了，这样下去她的结果会怎样呢？我觉得不容乐观，不知道她怎么想。”听到老师善意的劝导，李楠长吁了一口气，她明白了：只有将对母亲的思念融于心底，放下悲痛，才能真正开始新的生活。

水的重量自始至终没有发生变化，但拿得越久，就会感到越沉重。生活也是如此，如果面对层层重压，不懂得适时地放下，时间久了，整个人就会被摧垮。人生就是一场修行，如果不能放下各种偏执和欲望，永远都不可能达到自由自在的至高境界。

命里有时终须有，命里无时莫强求。不要让自己负担太多，放下包袱，才会拥有另一种动人的情怀。佛家有一种说法叫“开眼”，任何时候，只有睁开“心”的眼，珍惜眼前最美好的事物，放下一切偏执的心外之物，才能获得身心的超脱。正所谓人生如舟，负载过多，难免要沉船、搁浅。许多人就是因为不肯放下手中的名利，到最后受其所累，搞得自己疾病缠身、妻离子散，晚年时惨惨戚戚。唯有放下，才能腾出手来，抓住真正属于自己的快乐和幸福。

去留无意，漫观天外云卷云舒。面对世间万事万物，学会放下，就不会再汲汲于富贵，戚戚于贫贱，真正享受到心灵的宁静与安详。懂得放下，怀抱一颗善意之心，别让世俗的喧嚣蒙蔽了双眼，别让冗杂的功名利禄封锁了心灵，快乐必然会随时围绕在你我身边。

古人说得好，“当忧则忧，遇喜则喜”。若是为生活的烦恼所困，不妨深吸一口新鲜的空气，放下心中的一切烦扰。

没有负担，身心舒展，才会活得洒脱自在。遇事一定要拿得起放得下，敢作敢为。遇事当断不断，必受其乱，所以该放下，一定要坚决放下。学会放下，也是对自己的一种原谅和宽恕。学会放下，内心才能真正安宁，平和地享受那久违的一夜酣睡。

放下是一种智慧，更是一种追求。走过的岁月没有回程，错过的情感不能再来。遭遇挫折，不要心怀不满、怨天尤人，放下纷争和仇恨，才能活得潇洒从容；放下私心和争执，才能坦然接受一切，自在地面对生活；放下利益，才能活出真性情，拥有更惬意的人生。

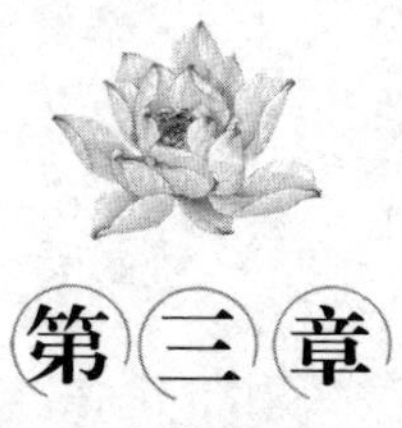

第三章

淡看红尘纷扰，静心才是王道

生活中，有些人心绪烦乱，看不破红尘里的是是非非。有的人一路奔波，却在追逐着错误的东西，就因为心不静，最终步入了不可回头的深渊。想要看透生活，先要沉淀自己的内心。心烦意乱不能解决任何问题，世事莫不如此，唯有保持内心的宁静，积极地面对人生，才能得偿所愿，有所收获。

1. 不是没有能力看透，只是因为心太乱

人生如海洋，每个人恰似一叶扁舟，总免不了要在波浪中跌宕起伏。心若池中水，乱则难平。很多时候，不是没有能力看透，只是因为心太乱。很多时候，人们只顾盲目地向前，竟忘却了季节的变换、时光的流逝，身边的一切不断变化，匆忙的脚步却从未停止。有时候，也需要停驻岸边，倒掉鞋里的沙砾，调整一下烦乱的思绪，重新上路。

心乱一切乱，一颗小石子足以击碎人的整个心智。有几个矿工被埋在地下，没有光亮，一帮人很快陷入了惶恐。时间一分一秒地过，谁也不说话，空气中凝结着令人窒息的恐惧。很多人坐不住，烦躁地在黑暗里摸索。这时，一个老矿工冷静地说：“与其这样盲目行动，还不如冷静地坐下来。如果感觉到风的流动，说明出口并未完全堵住。”听完老矿工的话，大家终于安静了下来，十分钟后，他们在风向的指

引下，找到了逃生的路。

在慌乱中盲目冒进，往往会适得其反，失去方向；还不如拭去浮躁，保持静默，等待机会的出现。心烦气躁，不光会干扰一个人对事情的判断，影响学习和工作的效力，还会加重自己的心理负担，增大精神上的压力，以至于犯下不可挽回的错误。很多时候，人们能控制的只有自己的情绪，与其在心烦意乱中错进错出，还不如静下心来从容面对。

古时候，有一个叫陶答子的名士，被派到陶地做大官。三年下来，陶地越来越穷，可陶答子的家却越来越富，这让他的妻子十分不安。

这日，陶答子将一颗光彩夺目的夜明珠献于妻子。妻子却一把将珠子摔到了地上，言辞恳切地劝谏他说："我听人家说，南山上有只豹子，因为身上的花纹没有长好，就在大雾里隐藏了七天七夜，而没有出来觅食。你可知道这是什么原因？"

陶答子对妻子的话毫不理会，只顾着摆弄手中的玉器。妻子叹了口气，缓缓说道："它之所以躲藏起来，就是为了避免被更凶猛的动物伤到。你做官三年，一点儿显著的政绩没有，钱财却捞到不少。这样下去，国君不信任你，老百姓不爱戴你，身为妻子，我又怎能不为你而担心呢？"

被自己的妻子这样数落一番，陶答子心中自然怒火难平，二话不说就给了妻子两记耳光。妻子只好跪在地上祈求他："你被名利冲昏了头脑，看不透为官的凶险。家里富了，百姓穷了，这可不是什么好事啊！请你让我和儿子一同逃亡吧！”陶答子听了气得暴跳如雷，立马把妻子赶出了家门。

一年以后，陶答子获罪遭诛，门斤被封。妻子听到这个消息，痛哭一场，带着孩子回到家中，安葬了丈夫。俗话说“妻贤夫祸少”，陶答子有一个聪慧正直、远见卓识的妻子，只是自己糊涂到家、慧眼难识，无奈灾祸降临、避之不及。

生活中，有些人心绪烦乱、麻木懈怠，明明闯了大祸，竟然还蒙在鼓里、浑然不知，等到危机降临，再想回头，却为时已晚。回头想过，人生的确有一条隐形的绳索，时常牵引着生活在迷乱之中的人们。有的人一路奔波，却在追逐着错误的东西，无奈的是，就因为心不静，最终才步入了麻木不仁的深渊。

静心，足以显示一个人气质的沉稳、思维的深刻。如果一个人拥有沉着冷静的处事风范，表明他人生的阅历足够丰富，洞悉人生的真相，明了生存的法则，深谙事物的因果缘由和内在联系。静心修为的人，在经历了风雨坎坷之后，为人处世往往有一种万事随缘的彻悟。

想要看透生活，先要沉淀自己的内心。这种沉淀并不一定与年龄、阅历成正比，也可以通过内心的修炼获得。失败的时候，给自己一个会心的微笑，不是机械地调整你的面部表情，而是努力地改变不好的心态，调节失衡的心情。只有平静地接受现实，坦然地面对厄运，积极地看待人生，阳光才会流进心里来，人生才能真正有所改观。

2. “舍”可治“贪”之大病

过分地追求身外之物，只会让自己陷入痛苦的深渊。贪婪到了极致只能是虚无，自我损耗。贪婪是人与生俱来的软肋，它会让人丧失警惕，害人害己。这个世界上，美好的东西不计其数，欲望太多，会成为人生路上的累赘。贪念太重，会生出许多烦恼。要想活得轻松，就要学会舍弃。

现实生活中，人们往往追求的很多，实现的却极少。其实，每个人所拥有的财物，无论是房子、车子，还是存款、头衔，到头来没有一样属于自己。所有的事物在人生的某个阶段，只作短暂的停留，要么寄托于你，要么附属于你，到最后，得与失，往往无人问津。很多人贪嗔之心太重，过分在乎眼前的得失，从而迷失心智，终身与成功无缘。

有一位大王，膝下一大堆的儿子，可他偏偏喜欢女儿。为此，大王整日郁郁寡欢，过了好多年，他最宠爱的王妃终于为他生了一位漂亮的小郡主。大王对小郡主当真是疼爱有加，凡是小郡主想要的，就算上刀山下火海，也一定竭尽全力满足她的要求。

转眼间，集万千宠爱于一身的郡主长成了豆蔻年华的少女。清晨，郡主在花园里闲逛，看到荷叶上一颗颗珍珠一般透亮的水珠，十分喜爱，心想：如果把这些漂亮的水珠编成花环戴在脖子上，一定无比美丽。

她下令让十多个婢女将水珠捞上来，但是事与愿违，婢女们只要轻轻一碰，水珠瞬时就破了。整整一天，宫女们也没有捞上来一颗水珠，这可把郡主气坏了。无奈之下，她只好去祈求疼爱他的父王。大王看在眼里，急在心上，无奈之下就把所有的大臣召集到宫殿里一起想办法。

大臣们面面相觑，一个个目瞪口呆。这时，一位年长的老臣站出来，对大王说："我有办法替郡主用水珠编成花环，可是您知道我两眼昏花，实在是分不清荷叶上的水珠哪颗比较适合做花环。所以我斗胆请郡主亲自挑选。"

郡主听了，兴高采烈地弯下腰，本想认真地挑选，结果折腾了老半天，也没有捞到一颗水珠。大王不愿郡主出丑，只好命一众大臣退下，这才作罢。

透亮的水珠虽美，但却华而不实。其实，生活并不需要无谓的"狂热"，没有什么东西绝对不能割舍。喜欢一样东西，也不一定非得马上得到。生活中，有太多太多看上去很美却极为虚无的东西，就像这荷花池里的水珠，盲目地索取，只能是自欺欺人，到头来得不到半点好处，反遭人奚落。

在这个世界上，总有一些人活得轻松，一些人活得沉重。前者拿得起，放得下；后者拿得起，却放不下。生活在这个世界上，最难做到的无疑就是舍弃。有一些东西，自己喜爱固然放不下；还有一些东西，自己明明不喜欢，只是因为别人不放，所以自己也不放。内心长期被一种强烈的贪欲占据，生活又怎么会感到快乐呢？

人生的优雅，不是略施粉黛的娇嫩，而是千帆阅尽的坦然，饱受沧桑后的睿智。舍是一种解脱，一种领悟，一种人生的智慧。心静，人生也会随之风平浪静。命运从来不会偏袒任何人，也不会忽略某一人，学会舍弃，心境才会豁然开朗，人生方可月朗风清！

想要活得心安理得，先要放下贪念。舍弃对金钱的渴求、对权势的觊觎、对虚荣的纠缠，内心才会释然。人生有时就是如此，选择多了，诱惑也会多，想要达成目标，就必须有所舍弃。放下纷乱的杂念和欲望，一心向前、直抵彼岸，才会取得成功。

3. 把每一天当生命中的最后一天

“把每一天当作生命中的最后一天”，如果这一天是世界末日，你还会选择安稳地睡在床上或收看无聊的电视节目吗？生命是有限的，到底能在世上活多少年、多少月、多少天，恐怕谁都不晓得。既然这样，就该问问自己的内心了：什么样的人生才有意义？每个人都希望自己的一生过得充实、幸福而快乐，可是“路漫漫其修远兮”，钱不好赚，人不好做，生活也不可能事事舒心。其实，做人也好，做事也好，过好了每一天，也就过好了一生；每一天都过得充实，这辈子又怎会觉得遗憾？

这世间除了时间，没有一样东西可以让人终身拥有。大多数情况下，它就在我们身旁，只是我们觉得它没用；而当我们需要它时，它却悄无声息地溜走了。

有人说：珍惜和把握眼前的东西，这还不简单吗？有得吃就吃，有得喝就喝，有得玩就玩，有得乐就乐呗！这样想未免肤浅了一些。把每一天都当作生命中的最后一天，只是以这样的方式提醒我们：寸金难买寸光阴，岁月短暂易逝。制定好每一天的目标，如何去实现，到了临睡前扪心自问，如此，才不会在生命几近结束时抱有遗憾！

乔布斯去世时年仅56岁，全世界所有关注、崇敬他的人无不为之痛惜。很多人因此感到悲观，认为生命这般脆弱，拼死拼活地工作根本没有意义。有的人甚至大唱衰调：干活悠着点，工作别太拼，生意是做不完的，金钱是挣不够的，“五加六”“白加黑”的工作所得能换来健康和生命吗？其实不然，乔布斯虽然死了，但苹果公司的股票并没有下跌，苹果公司的产品依然备受青睐，乔布斯开创的时代并没有因为他的死而终结。也许他癫狂的工作状态、反常规的生活方式在某种程度上损害了他的身体，但谁又能否认，他短暂的一生是如此精彩而辉煌呢？

把生命中的每一天都当作最后一天，究其根本，是要提高生命的质量，在自己所能把握的每一天里，都感受到内心的充实与生活的幸福。

美国女作家海伦·凯勒是一位身残志坚的伟大女性。她曾经写过一篇文章，取名《假如给我三天光明》，文章中，海伦以一种残疾人独有的生活感受，表达了她对自身、对环境以及对未来的深度思考。生命世界的色彩斑斓、多姿多彩，对于所有耳聪目明、四肢健全的人来说，可能再平常不过了，可是谁又知道，在一个失明的女孩那里，即便是一只蝴蝶翅膀上的彩色，听上去都是那么的奢侈。海伦 1 岁半的时候，突患急性脑充血病。连日高烧，昏迷不醒，所有人都惊呆了，但却毫无办法。当她苏醒过来时，却发现自己耳鸣眼瞎，也不会说话了。

生活在一个看不见、听不到的世界里，对于年幼的海伦而言，简直就是灾难。但是，正当所有人准备远离她的时候，她却奇迹般地"重生"了。她一步步从地狱走向天堂，这段路程的艰辛程度超出任何人的想象。为了能清楚地发音，她将一条细绳拴在一根金属棒上，叼在口中，另一端拴在手上，练习手口一心，写一个字，念一声。为了保证字迹的工整，她还自制了一个木框，装配了一个滑轮练习写字。

有时候，失败和挫折让她身心俱疲，可是她始终未曾退缩半步。大学期间，她完成了一部重要的作品——《我生命的故事》，讲述她如何战胜病残，给成千上万的残疾人和正常人带来鼓舞。经过不断的学习，海伦突破了识字、语言、写作几大难关，学会了英、法、德、拉丁、希腊五种语言，出版了 14 部文学著作，受到社会各界的广泛认可和赞扬。后来凯勒成了卓越的社会改革家，到美国各地，到欧洲、亚洲发表演说，为盲人、聋哑人筹集资金。有人说，海伦·凯勒是上帝送给人间的礼物，是传播爱心的天使；也有人说，上帝让她来到人间，向常人昭示了残疾人的伟大品格和不屈尊严。正如著名作家马克·吐温所言：“19 世纪出现了两个了不起的人物，一个是拿破仑，一个就是海伦·凯勒。前者试图用武力征服世界，他失败了；后者全凭一支笔感动世界，她成功了。”

这个世界上，没有人会同情无所事事、无病呻吟的弱者；那些有能力创造价值却从不真心付出的人，只能吞食失败的苦果。只有以积极的态度、把每一天当作生命中的最后一天来活，才会乐在其中，活得充实而精彩。而那些伟大的天才，就算是生命只剩下最后的一分一秒，也会勇敢地投入夜空，在璀璨的银河里中留下最后一抹光辉。

4. 回归自然，找回那颗清净的心

当不可名状的烦恼袭来时，失意与彷徨就像黑暗里的火苗，燃烧着人们的每一根神经。

也许每个人的面前，都有一条通向未来的路，崎岖而充满希望。未必每个人都能走到最后，因为很少有人知道未来到底有多远。打开心灵之窗，让快乐的阳光、宁静的月色涌进来！守住一颗清净的心，人生才可回归自然。

主宰人的感受并非快乐和悲伤本身，而是人的内心。美好生活的大门，永远只为乐观者敞开，幸福不是守株待兔，不是天上掉馅饼，而要靠自己争取。面对痛苦，一味地逃避，痛苦只会无边无际地蔓延。反之，以乐观的心态迎接一切，把苦难当作考验，一切顺其自然，不幸则很快烟消云散。

心灵往往是人的第二世界，从一粒沙中看世界，世界也许就是一粒沙；从一朵花中看人生，人生大概只如一朵花。找回那颗清净的心，人便可以超越自我，即使梦很遥远，仍然可以见证奇迹的发生。

遇事不慌张、不忙乱，静下心来，改变一下原来的思路，往往会有新的发现。遇到困难和挫折，不要抱怨，不妨鼓励自己：失败是为了下一次的成功做准备。静心面对每一次始料不及的变故，相信理性的阳光可以驱散一切现实的黑暗。

一个地主家的少爷，被他父亲派往乡下收租。他晃晃悠悠，到了佃农的谷仓，东看看，西望望，也不知在想些什么，一不小心将心爱的怀表弄丢了。他心急如焚，佃农也不知如何是好，只好去把村里的所有人都找来，帮他找这块名贵的怀表。翻遍谷仓，可怀表依然没能找到。

天色渐渐暗了，一无所获，村里的人也一个个回家去了，只有一个人留了下来。他对地主家的少爷说：“我有把握找到你心爱的怀表。”他看上去信心十足。

“好吧！我就姑且再信一次，如果找到了，我一定重重地奖赏你。”

只见这个人在谷仓的附近走了一圈，落定位置后，静静地坐了下来。周围悄然无声，但有个小小的声音从谷仓后方的角落里传来。

“滴答，滴答，滴答……”这人就像小猫一样，轻盈地朝发声的地方迈了两步。觉得贴近了，这人就伏身下来，耳朵贴地，在一堆稻草中找到了那只怀表。然后走出谷仓，带着得意的微笑，将表交还给了地主家的少爷。

人的一生会遭遇许多麻烦，或大或小，有些相当棘手，有些却轻而易举。大多数时候，我们的内心被盘根错节的烦恼所羁绊，无法冷静面对。保持一颗清净之心，问题才会迎刃而解。

一万个人的心中，有一万个哈姆雷特。对于生活，每个人都有自己的见解和看法，不管这种看法是好是坏，是欣赏还是藐视，都有它成立的理由。世界本来就是缤纷多彩的，每个人都应该有自己生存的空间。如果无关乎道德，不伤害他人，不妨中立、客观地去看待，因为任何东西，存在即合理。每个人都有自己的喜好、个性和价值观，有些人、有些事你之所以看不惯，并不是因为他不好，而是因为你的心不静。世间的很多事物，只有用欣赏的眼光来认知，才能够发现它的美。

参加完专业研讨会议后，科尔坐上了从芝加哥开往圣安东尼奥的火车，列车一路徐徐向前。过了半天，科尔一回头，这才惊讶地发现，他隔壁座位的老先生原来是位盲人。

老先生告诉科尔，他是南方人，从小就认为黑人低人一等，他家的佣人是黑人，他在南方时从未和黑人一起吃过饭，也从未和黑人一起上过学。到了北方念书，有次他被班上同学指定办一次野餐会，他居然在请帖上注明“我们保留拒绝任何人的权利”。在南方这句话就是“我们不欢迎黑人”的意思，当时全班哗然，他还被系主任抓去骂了一顿。

他说有时碰到黑人店员，付钱的时候，他总将钱放在柜台上，让黑人去拿，不肯和黑人的手有任何接触。但在波士顿读研究生的时候，他出了车祸，一切似乎都变了。虽然大难不死，可是眼睛完全失明。他进入一家盲人重建院，在那里学习如何用点字技巧，如何靠手杖走路等等。慢慢地他终于能够独立生活了。

老先生说：“最苦恼的是，我弄不清楚对方是不是黑人。我向我的心理辅导员谈这个问题，他也尽量开导我，我非常信赖他，什么都告诉他，将他看成良师益友。有一天，那位辅导员告诉我，他本人就是黑人。可是对我来讲，我只知道他是好人，不是坏人，至于肤色，对我已毫无意义了。”

车快到圣安东尼奥，老先生说：“我失去了视力，却找回了一颗清净的心，这才是最值得庆幸的事。”在月台上，老先生的太太已等候他多时，两人亲切地拥抱。科尔猛然发现，他的太太竟是一位满头银发的黑人。

上天给了人们一双会心的眼睛，也赋予人们一颗清净的心，希望人们用眼睛看世界，用心承载一切生活的美好。用“心眼”去看这个世界，才能看得真切，看到事物的本质。古语有云：世间本无事，庸人自扰之。人生路上，不可能永远通畅，以一颗清净之心对待生命，苦难来临时，不悲伤，不绝望，积极面对，压倒了苦难，幸运才会降临。

5. 别在喜悦时许下承诺、愤怒时做出决定

随着年龄一天天增大，精力一日日匮乏，人也渐渐学会了保守，学会了遮掩，不轻易许诺，不枉作决定。谁都不知道明天会怎样，更不知道未来会如何，人生是不确定的、未知的。一不小心夸下海口，很可能就要付出沉重的代价，落败收场。凡事三思而行，考虑问题，一定要看到正反两面，切忌盲目、片面和情绪化。谨言慎思，最能体现一个人的成熟稳健。

人极容易被情绪所驱使，说一些模棱两可的话，许一些虚无缥缈的诺言，作一些无法挽回的决定。喜悦或者愤怒的

情绪，会让人忘乎所以，心无所向。

人在激动的时候，容易心生偏激，对事物缺乏正确的分析，这时候许下的承诺、做出的决定往往是孤注一掷的，根本没有回头路可走。在处理事务时，要有意识地控制自己的情绪，保护自己，不要轻易流露自己的喜怒哀乐，以免伤害自己、得罪别人。

因喜悦而许下空洞的承诺，因生气而做出错误决定，这样的经历很多人都有。活在爱恨情仇的交织中，就要面临各种各样的选择，对人们而言，有些选择或许无关痛痒，有些选择却事关全局；有些失误可以尽力弥补，有些却无力回天。如果没有被错误的决定、愚蠢的承诺所伤，那就是不幸中的大幸。可是，幸运不会永远垂青于我们，要想自己的人生不偏离轨道，切不可再情绪化！

不要轻易跟别人承诺什么，因为你的承诺，对方往往会放在心上，且一直等待着承诺的实现。承诺一旦实现不了，就变成了赤裸裸的欺骗。所以，不要随便夸下海口，不要轻易向你身边的任何人许下承诺。

我们不是小学生，字写错了可以擦掉重写，画画差了可以撕掉重画，作为一个成年人，我们犯错的成本太高，一旦作了错的决定、许下空的承诺，就无法再更改，所以一定要慎重对待人生的每一步。诚然，这不是要求人们在人生的旅途中瞻前顾后、止步不前，也并不是说走错一步就必然满盘皆输、一无所有，但推衍开来，又不得不承认：心思缜密、从容不迫，对一个人而言乃是多么可贵的品质。

正因为人生无法预知长短，所以很少有第二次的机会，也不能重头来过。人们唯一可以控制的是说话的内容和行事的态度。俗话说：为人处事，再谨慎亦不为过。谨慎并不是胆小怕事，更不是唯唯诺诺。正所谓“三思而后行”，无论是作决定还是作承诺，一定要把事情的结果和可能发生的状况事先考虑清楚，将事情的结果想到最坏，并采取相应的措施，防止或避免事态的恶化，如此，方才万无一失。

很久以前，有个忠厚老实的男人，名叫王二，老婆因生孩子难产而死。上天大概是眷顾他，赐给他一条聪明能干的狗。王二有事在外时，这条狗就担负起了照看婴儿的重任。有一天，男人去城里干活，很晚才回家。狗听到主人的脚步声，马上欢快地跑出来相迎。王二看到狗嘴里都是血，一种不祥的预感顿时涌上心头，心想：这畜生是不是兽性大发，把我苦命的孩子给吃了！他慌忙跑到床边，孩子没了，只看到一堆血迹。

王二胸中的怒火一下子喷涌而出，他抄起一根木棍，三下五除二便将狗活活打死了。就在这时候，孩子哭着从床底下爬了出来，王二一下子像泄了气的皮球，整个人瘫倒在了地上。他知道自己错怪了狗，不远处躺着一匹被咬死的狼，而狗的后腿，早已被抓出了几道血痕。

人在愤怒、情绪激动的时候，很容易冲动。一旦人的理智被强烈的愤怒冲溃，就连最基本的判断都会失去，更别说做出什么正确的决定了。情绪紧张、激动或心生愤懑时，一定要找到事件产生的真正缘由，及时调整自己，让自己冷静下来，然后再去理智地面对。

6. 人，要学会在孤独中成长

人之所以感到孤独，就是因为对现实太依赖。从与人结伴的欢欣鼓舞中退出，突然一个人独处，触景伤情，孤独与空虚时常袭上心头，都在情理之中。可也许有一天，随着时间的推移，你会发觉孤独会像潮水一样退却，透过书房的窗户，可以窥见城市最繁华的街道，你开始静静地坐在书桌前，习惯了学习与思考，这大概就是成长的开始。

生活中，有的人外冷内热，看似默不作声，实则孤独难耐。每当黑夜来临时，寂寞、迷茫、困惑就会随之而来，让人无处逃遁、不知所措，甚至对生活失去信心。面临这种境况，大部分人的选择不外乎两种：一是积极面对，二是消极逃避。只是因为无法静心面对，越逃避反而越陷越深，麻木不仁。

如果静下心来思量一番，就不难发现：其实决定孤独的，从来都不是他人与环境，而是人们自身。学会忍受孤独，享受孤独，在孤独中学会思考，反而会收获不少。不要因为找不到倾心交谈的人而心浮气躁，更不要因为孤独寂寞而乱了方寸。一个人的时候，需要耐得住寂寞，更需要静心，因为让人趋于成熟的一切条件都已具备。

20 世纪 70 年代末，初中毕业的韩龙吉被安排到县里的供电所工作。三十多年来，他购买专业书籍 500 多本，写下了 290 余万字的读书笔记。韩龙吉还给自己定了“三不”铁规，即写不完当天的工作总结不放过，每天不读书不放过，当天的疑难问题不解决不放过。每天晚上，别人嗑瓜子、看电视、喝啤酒、聊趣事，他却一个人坐在车间，蜷着身子一学就是三个多小时。为解决一个疑难问题，他有时起早贪黑，乘火车去省电科院请教专家，来回 800 多里路程，当日赶回，第二天早上接着上班。

2009 年，韩龙吉主持开发了“降低变压器油取样的操作误差率”技术成果，解决了油务专业无法密封取样的难题，为企业带来显著效益，并在 2010 年获得山东省科技创新奖。

一个初中毕业生竟然获得了发明专利，记者采访时惊讶地问：“你天天钻在屋子里没日没夜地鼓捣，不觉得孤独吗?”韩龙吉答道：“我不知道孤独的感觉是怎样的，如果这个世界上真有孤独，我想它也是一朵思想之花!”

对于一名一线的操作工人而言，谁都想出人头地，所有人都希望自己技高一筹。可是在鲜花与掌声的背后，很少有人耐得住寂寞，经得起孤独的考验。

很多时候，一个人独处，可以生发出灵感，让身心更快地进步。人世间，有些事必须要一个人去面对，有些路必须要一个人去跋涉，路再长再远，夜再黑再暗，也得独自默默地走下去。睡前躺在床上，静心冥想，在黑暗与沉寂中放松身心，时间久了，你必然会体会到孤独思考的快乐。人只有在独自面对这个世界时，才会真正成熟，才会在不可能中创造出可能。

当一个人顶着暴风骤雨，一寸一寸在逆境中跋涉时，孤独就成了一面会反光的镜子，因为有了明确的目标和方向，人生反倒有了更加美好的憧憬。孤独与寂寞，增长了人们求知的欲望，增强了人们必胜的信心。人生，总会有不期而遇的温暖和生生不息的希望。没有命中注定的不幸，只有死不放手的执拗。在这个崭新的世界面前，人们渐渐忘记了孤独，像所有新生的事物一样，迅速地成长、壮大。

对于任何一个渴望成功的人来说，一切的苦难都阻挡不了他前进的脚步。孤独在不同阶段都有不同的表现形式，有时它也会成为一个特别的信使，在适当的时候不期而来，也在适当的时候悄然离去。有一天当你发现自己不再盲目地与别人厮混，而开始有自己独立的思想，那么独处也就变得充满意义，成长自然有迹可循。

不经一番寒彻骨，怎得梅花扑鼻香。不相信孤独的力量，内心无法平静，永远也找不到真正的自己。任何一个心智成熟的人，都是在孤独中成长起来的，一个人只有在静心的状态下，才有机会直面和审视自己的心灵。孤独，从来都不是偏居一隅，而是要在心灵深处留有空隙。对于真正的赢家而言，承受孤独是一种不可或缺的品质，有助于他与生活拉开距离，从而获得更大的生存空间，来诠释内心最真实的想法。

7. 找到柴米油盐中的那份安详

生活中，很多人都不曾看过头顶的繁星，每一天带着沉重的心情，在单位和家之间来回穿行，似乎早已习惯了柴米油盐的平淡。往事悠悠，终成旧梦。有时明明感觉不到前进的方向，却还要饱受心灵与精神的空虚，百无聊赖地面对一切。其实生活就像七色光，交织在一起就形成了白光。采菊东篱下，悠然见南山，坐看云起云散、花开花谢，做平凡人，做平常事，人生必将充满希望。

生命的轨迹不同，对幸福的诠释和理解也就不同。“幸福”二字，看似简单，实则不易，人生的道路不可能一帆风顺，每个人都会遭遇挫折和失败。想要找到人生的那份安详并不难，只要保持乐观向上的心态，让自己的生活充满希望，让感恩的心融入生活，你会发现柴米油盐般恬淡的生活，也可以如此丰富多彩！

在某些人的眼中，有钱就是幸福，于是他们一味地获取财富，可是有一天当他真正拥有财富时，却发觉自己除了财富，原来一无所有。失去了亲人的关心、恋人的陪伴，也失去了健康的身体和宁静的内心……对于名利、金钱和爱情，不要过分看重，也不要刻意追求，抱以得之淡然、失之泰然的态度，一切即会变得简单。

在这样一个众声喧哗的年代里，每个人都有选择如何生活的自由。在物欲面前，人们活得愈来愈复杂，贪于享受，却并未真正感受到幸福；贪于获取，却抛下了身心的自由。事实上，一切奢侈的物质只会腐蚀人们的精神世界。做人，虽说不必如陶渊明，无须抵制红尘中的荣华富贵，但浮华总归是一种外在的活动，倘若不以静心宁人为旨，不管表面多么声色犬马、轰轰烈烈，本质上仍是贫瘠而空虚的。

有一位老人，年事已高，他自知活不了多久，于是躺着考虑临终的事宜。

他的孩子及友人纷纷来到他的住所，许多关心他的朋友也都从大老远的地方赶来看他。大儿子听到病危的消息，马上跑去市场，有人问他："你父亲就快过世了，你为什么还往市场去?"大儿子回答："我知道父亲特别钟爱某一种蛋糕，所以我要去市场买这种蛋糕。"

要找到这种蛋糕不大容易，不过就在傍晚，总算让他找到了，于是，他连忙提着蛋糕赶回去见父亲。大家都有点担心，看起来父亲好像在等某个人，他不时地张开眼睛看看，然后又阖上眼。当这位大儿子赶到的时候，他说："你终于来了，蛋糕呢?"大儿子点了一下头，双手奉上从市场上买回的蛋糕。

死亡逐渐降临，老人将蛋糕拿在手上……但他的手并未发抖。有人问道：“您年纪这么大了，而且正处于死亡的边缘，随时都有可能咽下最后一口气。可为什么您不感到恐惧，你的手也不会颤抖？”老人说：“我从未颤抖，因为我没有恐惧，我的身体已经老了，但我依然年轻，就算身体走了，我的精神还在。”

说完后，他尝了一口蛋糕，开始津津有味地吃起来。又有人问他：“老人家，您很快就要离开我们了，还有没有什么要特别交代的？”老人脸上泛起微笑，他说：“啊，这蛋糕真好吃！谢谢您们，我很享受这片刻的快乐。我很幸福，谢谢你们送我最后一程。”

活在当下的人，往往是最快乐、最知足的。死亡都不重要了，下一刻的事已没有任何意义。外在世界变化万千、纷繁复杂，内心安详才能获得解脱，经过一番内省养心的修行，才能达到自得其乐的境界。然而，享受柴米油盐的那份安详，绝不是退隐自守、清静无为，而是心态上的怡然豁达、生活上的充实富足。置身于芸芸扰扰的世俗社会，一定要切记：活得简单，才能活得自由。一切外在的物质形式，在智者眼中不过如风中之浮云，转瞬即逝，强留不得。一个静心的灵魂，割舍得下人世间的一切荣华富贵与权势利禄。因为舍得，所以淡泊；因为简朴，所以安详，精神上才会自由，生活才会丰盈。

在智者的眼中，生活就是一条波澜不惊的小溪，静静地流淌着。有人认为生活平淡无奇，缺乏新意。可若是以一颗知足的心来对待，就会是另一番光景。守住平淡中的那份从容和安详，就守住了人生的幸福。

用安详的心态接受每一朵花开，淡然地欣赏人生的每一次际遇。不要被生活的压力所困，每天平平淡淡地生活，享受一杯水、一碗热饭的幸福。安详之人，懂得如何驾驭自己，如何与他人融洽相处。

第四章

苦乐得失，放下就是智慧

世界上许多东西，平心静气地舍下，才能真正地得到。乱花渐欲迷人眼，浅草才能没马蹄。人这一生，曲折而漫长，不能把一切都背负在身上。以一颗平常心，笑对人生的苦乐得失，挣脱了束缚，才能真正从困境中走出。

1. 生活本不累，累的是放不下

人生，总是有太多的无奈和烦恼，太多的伤感和痛苦。那些埋藏在记忆深处的亲情、友情、爱情，那许许多多的过往，就像是一粒粒会开花的种子，伴随我们心的历程而成长。

睁开两眼，往事历历在目；闭上双眸，心灵又不堪重负，这难道就是我们梦寐以求的人生吗？

一个人最大的劳累不是来自身体，而是心灵。常言道无可奈何花落去。心累之人，什么事都看不开，久而久之，烦恼滋生，疾病缠身，百害而无一利。人生就像跑步，两个人从同一起点出发，跟在后面的人，总在孜孜不倦地追赶，所以显得很累。

社会在发展，人的观念在发展，跟不上节奏，身心很快就会疲惫。想做的事情很多，许下的愿望很多，可人的一生，时间和精力是有限的，贪多图快，到头来什么都做不好，什么都没做完，整个人心力交瘁，一次跌倒，很可能这辈子都很难爬起来。

人生本是一场漫长的旅行，走过的每一个地方，遇到的每一个人，都可能成为驿站，成为过客。回眸和眷恋改变不了任何东西，不过是增添了新的烦恼而已。曾经刻骨铭心的事情，在时光的流逝中，也慢慢淡忘……每一分傲骨，每一分傲气，带给别人压力的同时，也让自己身陷囹圄！记忆的背囊里装得越来越多，心的负荷也就越来越重。心酸的点滴，汇成心语，凝成回忆；有多少选择，就有多少无奈，而每一份不平凡的苦乐，却值得用心领悟。

那天，父亲下班很晚，回家的路上，感到又累又烦。快到门口时，透过路灯映衬的光，他发现六岁的儿子正在等他。他快步走过去，牵起儿子的手，暂时抑制了内心的烦闷。这时，儿子突然开口问：“爸，我可以问你一个问题吗？”

父亲答道：“什么问题？”儿子说：“爸，你一小时可以赚多少钱？”父亲生气地说：“这与你无关，你为什么问这个问题？”儿子哀求道：“我只是想知道，请告诉我，你一小时赚多少钱？”父亲说他一小时赚三十美元。小孩低下头，接着又说：“爸，可以借我十五美元吗？”父亲发怒了：“如果你只是要借钱去买玩具，那就给我回房间睡觉。好好想想为什么你会那么自私，我每天长时间辛苦工作着，哪里有时间和你玩小孩子的游戏?”儿子安静地回自己房间并关上门。过了一会儿，父亲平静下来，想着他可能对孩子太凶了——或许孩子真的很想买什么东西，再说他平时很少要过钱。

父亲走进儿子的房间问道：“睡了吗，孩子?”儿子答道：“爸，还没，我还醒着。”父亲说：“我刚刚可能对你太凶了，不该冲你乱发脾气。这是你要的十五美元。”“爸，谢谢你。”儿子高兴地叫出声来，然后从枕头下拿出一些弄皱了的钞票，慢慢地数着。

“为什么你已经有钱了还要?”父亲生气地问。“因为在这之前不够，但我现在足够了。”小孩说：“我现在有三十美元了，我可以向你买一个小时的时间吗?明天请早一点回家——我想和你一起吃晚餐。”

时间可以换取金钱，却无法同时换得父子之爱和家庭的幸福。心之所以觉得累，就因为承载了太多太多，而无法释怀。人们仿佛习惯将过去的一切都尘封起来，明知道有些问题永远没有答案，有些故事永远没有结局，可还是执迷不悟、苦苦追求。

夕阳易逝，岁月消退，很多的遗憾无法弥补，也没有时间弥补，再好的东西都有失去的一天，眷恋多了，想不累都难。谁都想活得潇洒快乐一些，可总是对身边的人或事物无法割舍。

人生就是这样，会遇到诸多难以抉择的命题，孰轻孰重，唯有静心忖度，才能做出合理的判断，不至于让思维的小舟在混沌的人生里沉没。在人生的征途中，有迂回曲折的坎坷，也有柳暗花明的机遇，面对挑战和机遇，该舍弃时就舍弃，千万不能为了一滴水而放弃了整个大海。

人生在世，可选择的事物很多，却无法极尽占有；懂得放弃，学会取舍，才能轻装上路。大环境就是这样，每个人都应该调整自己呼吸的节奏。不要一个人面对黑暗发呆，黑暗不会告诉你光明在哪里，只能靠自己静心去寻找。

学会适应，适应社会，适应生活，多关注自身，少在意别人，不要把别人树上的果子嫁接在自己的枝上。人生本不累，累的是放不下。把内心的烦恼告诉别人，及时寻找别人的帮助，才能减轻自己的压力，开放与豁达，足以换得一颗年轻、快乐、充满活力的心。

2. 人生的苦乐，不在于碰到多少事情，而在于心里装着多少事情

智者与庸人的最大区别在于，前者总能够记住该记住的，忘记该忘记的。放下了别人的嘲笑与冷漠，放下人世间的恩恩怨怨，放下世俗的功名利禄，内心平和而快乐，生活又怎会再觉得累呢？人生的苦乐，不在于碰到多少事情，而在于心里装着多少事情。

心累之人一定要学会释放自己，释放了压力和忧愁，心

情自然会舒畅许多。人生，就应该忘却不幸，看淡挫折，对自己有信心，对自己的明天有信心，勇敢地面对今天，微笑着面对明天。想要一扫内心的阴霾，一定要学会调整，不断认识自己，寻求一个软着陆的地方，别给自己定太高的期望和目标。只有实事求是地开发自己的潜能，内心才会真正释然。

有些人对压力有一种莫名的恐惧和厌倦，他们总是以一种战战兢兢、迫不得已的心理来面对挑战。其实，生活的压力并没有想象中那么沉重，很多时候都是我们的主观情绪在作祟。“累”，往往是“心”对于压力的一种消极反馈。手酸了，不妨将工作暂时搁下，歇息片刻；心累了，将烦恼之事放下，才能轻装上阵。

路易斯是一位驰名国际的电影演员，然而这位体重三百八十磅的大腕，在一次演出时，突发心力衰竭被送进急救中心。抢救人员用了最好的药，动用了最先进的设备，仍没挽回他的生命。临终前，路易斯曾绝望地喃喃自语：“你的身躯很庞大，但你的生命需要的仅仅是一颗心脏！”

路易斯的这句话，深深触动了在场的院长，为了表达对路易斯的敬意，同时也为了提醒体重超常的人，他让人把路易斯的遗言刻在了医院的大楼上。后来，一位叫辛普森的美国人也因心力衰竭住了进来，他是位石油大亨，为了摆脱两伊战争给他事业所造成的困境，他不停地往来于欧亚美之间，最后旧病复发，不得不长期住院。辛普森的心脏手术很成功，他在这儿住了五个月就出院了，不过他没回美国。

乡下有一栋属于他的别墅，是他十年前买下的，他在那儿住了下来。后来，这家医院举办慈善招募活动，邀请辛普森参加。一位记者拦住他发问："请问您为什么要卖掉自己的产业？"辛普森指了指医院大楼上的那一行金字，淡然地说："得感谢那个人——路易斯。"也许，这就是最好的答案。

对健康的生命而言，任何多余的东西就是负担。放下思想的包袱，坦然地面对一切，人生才会过得轻松自在。很多时候，不是我们拥有的东西太少，而是想要的东西太多。面对人生的诱惑，有多少人能把握好自己，又有多少人不会因此而迷失？人生就像一座金字塔，层次很多，越往上幸福越少，也越难争取。从底层开始，幸福反而来得强烈，来得踏实。

人，就像一个结构复杂的毛线团，永远作为矛盾的主体而存在。人总是被各种各样的疑惑和苦痛所牵连，又不愿意及时地调整，在这个充满竞争压力的社会里，每个人的生活里有太多的难题，你又何必自寻烦恼、自添负累呢？换一个角度，就能得到快乐，剔除生活中的负面情绪，需有容得下挫折和烦恼的胸怀。

梭罗说："一个人越是有许多事情能够放得下，他就越是富有。"每一天清晨，每一辆公交车上，每一张疲惫而慌张的脸。当下的人们，忙于金钱，趋于名利，殊不知得到的只是身外之物，失去的却是整个人生的华彩。生活的网，网住了那些背囊中满载物欲的人，唯独漏掉了勇于放弃、自得其乐的人们。

人生如歌谣，每一首歌唱的都是自己；岁月似胶片，自己才是人生的唯一导演。放下追逐名利的私心，就可以称得上“脱俗”，放下陈规旧念，即是人生之大雅。放下，不是毫不顾及，不是伪装淡然。真正地放下，是包容与理解，是正视现实的释怀。人生的道路中，苦乐太多，只有懂得释怀，才能从中彻悟，达到超凡脱俗的境界。

3. 你最执着的东西往往对你伤害最大

有两句诗写得极好：“一片森林里分出了两条路，而我选择了更为幽深的一条，从此，决定了我一生的道路。”站在人生的分岔路口，每个人都需要冷静地做出选择，一味固执地往前冲，不撞南墙不回头，人生只会遭遇滑铁卢。毕竟很多东西，你越是执意地追求，越不容易获得。

如果要完成一件工作，总是沿着错误的方向在走，不见棺材不掉泪，结果必然让人失望。世间太多事情，并不是通过努力就可以得到，有些事，你越努力，它反而离你越远。一个人受到伤害，从情感上安慰他，不如从精神上引导他，让他释怀。

过分的执着就是执迷。佛说：执迷，乃人生苦痛之本也。口渴了要喝水，这是基本的需求；总嫌不够，又饮了别人的水，那就是“贪”；为了喝一口水，偏偏要去挖井，便是执迷了。诉求太多，往往会让人如坐针毡，心里的压力无限增大，一旦这些一根筋的情绪超出自己的承受范围，烦恼与困惑也就接踵而至了。人生若想不苦，先要学会放下，放下对万事万物的过分执着，放下不必要的痴迷，这样才能避免无谓的伤害。

一天，几个年轻人乘船过江。一路上，大家谈笑风生，唯有孔先生神色紧张，一言不发，带了一个包袱在身边，时刻不离左右。船到江心，意外发生了。因为先前下过暴雨，使得江水猛涨，现在忽然起了风，江面上掀起了巨浪。小船承受不了，就快要沉了。

船上的人见势不妙，纷纷跳下水，奋力地逃命。孔先生喘着气，两手上上下下地拼命划水，可还是游得特别慢。他的同伴感到很奇怪，便问他：“你向来擅长游泳，怎么这一次用尽全力，却还是落在后面呢？”

孔先生气喘吁吁地说：“我跳下水之前，把包袱里的千两黄金取出来，缠在了腰间，所以游起来格外吃力。”他的同伴十分着急，提醒他说：“快把钱解下来扔掉吧！”孔先生累得话都说不出了，却还是拼命地摇头。

只一会儿工夫，其他的人都游到了对岸，唯有孔先生还在江心扑腾。友人们大声喊道：“你怎么这么糊涂哇，眼看命都快保不住了，要钱还有什么用呢？现在丢掉钱还来得及，快扔下呀！”孔先生还是一个劲地摇头，怎么也不肯把包袱丢掉。最后，终于精疲力竭，和他的钱一起沉到了江底。

生命重于一切。留得青山在，不怕没柴烧。在智者看来，人生数十载，也不过是一舍一得的重复。把握好舍与得的尺度，就等于获取了一把打开人生大门的钥匙。《老子》曰：“将欲夺之，必固与之。”寓意是想夺取它，必先给予它。如果不懂得取舍，终有一天会累倒在地，无法爬起。先“舍”，然后再“得”，才是最明智的做法。

任何事，如果在看不到结果的情况下，还盲目硬挺、贸然坚持，无异于自我牺牲。梵高拒绝做传教士，改行画画，才有了今天的《向日葵》；鲁迅弃医从文，执笔作书，才有了今天的《孔乙己》；比尔·盖茨放弃了在名校深造的机会，投身商海，才有了今天的微软……

艰难的抉择，理性的放弃，才成就了他们不平凡的人生。有时候，放弃并不是逃避，也不是退缩，而是对前途、对命运的一次过滤，一次洗礼。

失败时，坦然处之，就不会一蹶不振；人生成功时，淡然而为，就不会被名利所累。如果认为自己必将有一番大的作为，就更要重视自己的存在、提升自我的价值。人生是奇妙而富有创造力的，不要小看自己，每个人都有很大的发展空间。蒲松龄四次考取功名，没有一次成功，孤愤之下，镌刻一联以自勉：有志者，事竟成，破釜沉舟，百二秦关终属楚；苦心人，天不负，卧薪尝胆，三千越甲可吞吴。后来，终于写成了《聊斋志异》，万古流芳。放弃了对于大好仕途的追逐，却开辟了新的人生道路，为后人留下了宝贵的精神财富。

每个人都有追求美的权利，都会流连于过往的风景、好听的音乐、视觉的享受，可是如上所述，本能的反应一旦超出某种道德的约束，就要有的放矢、寻求更好的解决办法。如果觉得花朵很美，就想摘回家；如果觉得歌声很美，就想一个人独享，这就是贪了。如果可以把多余的爱变作一种付出和奉献，把多余的欲化作一种希望和动力，生活岂不是会一天比一天更美好？

人生就像一次考试，放下一道苦思冥想也解答不了的填空题，才可以把更多的时间放在游刃有余的思考题上。人生就是这样，只有在静心的选择与放弃中，才能走向成功的彼岸。

4. 没有过不去的事情，只有过不去的心情

很多时候，放不开的是失败对于自己的打击；放不下的是别人对于自己的否定。没有过不去的事情，只有过不去的心情。现在我们还不曾获得理想当中的那份成功，但我们依然不能放弃自己的理想追求。因为人生还在继续，一切皆有

可能。人只有放下过去、放松心情，才能迎来明天更美的晨曦。

在急于追求人生目标时，一定要懂得放下，给心灵一张休憩的温床，给人生保留一份坦然。工作的紧张、玩乐的拥挤、学习的重压等等，早已像一个模子一样栽进了我们的心底，这样的回忆对于人们而言，难免干瘪了一些。

人生最大的遗憾莫过于草率地放弃了不该放弃的，固执地坚持了不该坚持的。为了获得，忙忙碌碌，真正需要的，往往在经历许多流年后才会知晓，最终在岁月的变迁中，反而一无所有。后来才顿悟：原来握在手里的，不一定就是自己想要的；而真正想要的，有可能穷其一生都不一定能得到！

在生活的旅途中，背着包袱上路，总觉得辛苦，只有静心地面对苦乐，该放弃的时候放弃，该坚持的时候坚持，心才不会感到压抑，前行的路上才不会感到疲惫。

彻底地放空自己吧，留一颗纯净的心，让它归于自然恬淡的世界里去。尽管生活如此不易，但每个人的人生旅程是不同的，纵然这一路荆棘密布，但最后都会通向成功的终点。昨天已经过去，有梦就要勇敢去实现，只要努力，明天依旧充满希望。

从前有一个富翁，腰缠万贯，富得流油。可是，他总觉得自己生活得苦闷，过得不快乐。有人告诉他：快乐不在他这里，而在别处。富翁若有所思，于是决定去寻找快乐。临行前，他背了两麻袋的金银财宝，一路向西行。眼前太阳快落山了，走了很多地方，富翁依然没有寻到什么快乐。他坐在山腰上晒太阳，只见一个老农唱着歌兴高采烈地蹒跚而来。

富翁疑惑地问："我有这么多钱，没有人不羡慕我，他们恨不得跪在我面前，求我散一些钱财。可即便这样，我还是不快乐！"老农放下柴草，一边擦汗，一边笑眯眯地说："快乐很简单，放下就是快乐！"富翁顷刻之间好像恍然大悟：背着那么多的财物，总担心别人来抢，怕遭人暗算，哪里还有什么快乐啊？回家后，富翁慷慨解囊，广疏钱财，慈悲为怀，救助灾民，所有人都称赞他，他也自然成了一个快乐的富翁。

只要拥有一颗静谧的心，适时放下，快乐自然会随时围绕身边。正所谓"鱼和熊掌不可兼得也"，世界上许多东西，平心静气地舍去，才能真正地得到。反过来说，有得必有舍，很多人事业有成后，造福桑梓，救济乡邻，回报社会，由此得到了好的名声，人格与品质也同时达到了提升。

生活中，不仅要学会获取，还应懂得放弃。乱花渐欲迷人眼，浅草才能没马蹄。不要被为某些时髦的事物诱惑，网络的精彩，球赛的热闹，酣睡的香甜，游戏的畅快，都应适当地拒绝。放下浮躁的内心，精神才可自由地驰骋。

人的一生，曲折而漫长，面临的事很多，不能把一切都背负在身上，适时地放弃，人生之路上才会走得轻松、愉快，才能达到终极的目标。人生之路，何其宽广！唯有心境渺小之人，才四处觅一些羊肠小道来走。

人生，没有过不去的事，只有过不去的心情。放下过去，是一种淡泊的心态。以一颗平常心，对待名利、地位与物质，采取超然物外的态度，笑对人生的挫折与苦难，挣脱束缚，不为得失所累，才能真正从困境中走出，从容地面对人生。

5. 成功不是得到多少，而是把多余的扔掉多少

忙忙碌碌的工作，从来都不是人生的全部。人之所以觉得乏累，是因为背负的东西太多。生命本是丰富多彩、五彩斑斓的，不要奢望太多，也不要盲目索取。在不断追求的过程中，舍弃多余的部分，珍惜真实的感受，才能饱尝成功的喜悦。

释怀，对于一颗早已伤痕累累的心而言，往往是最好的安慰。对于不在乎你的人来说，你的去与留，就如同尘土中那沙粒一般，无足轻重。无论恋人还是朋友，在不在乎你的人面前，你永远是被动的，不自由的。

鲁迅说：世上本没有路，走的人多了便成了路。路都是人一步一个脚印走出来的，唯有静下心来，甩开多余的顾虑，才能走得舒心、走得坦荡。有些事情不是我们没有能力

去做，只因身上背负的太多。太多的顾虑，只会让我们与成功失之交臂，正所谓祸福相倚，一味地患得患失，容易丧失大好的机遇。人生的路，总要拿出点魄力，才能走得坚决。抛下私心与杂念，成功才会在不远的地方守候。

一辆载满货物的大卡车行到了桥下，几经尝试，仍没能通过，由于装载的货物太满，远远超过了桥的高度。司机下车量了量，发现汽车的高度仅比桥的高度多出几厘米，但是这仅有的几厘米却耽误了他太久的时间。司机心里十分着急，只好向当地的村民求救，希望周围的人能够给支支招。

一个身体强壮的年轻人告诉他："把车顶的货物卸下来一些，等过了桥大家再帮你装上去，这不就解决问题了吗?"可是这些货物都是经过专业装卸的，如果卸下来，再想装上去恐怕没那么容易。再说，这样搬来搬去，既浪费时间又需要太多的人力。有位老人从人群中站了出来，缓缓说道："能不能找几个人上到车顶，然后使劲踩几下，这样车上的货物不就可以低一些了吗?"老年人的话音刚落，司机就连忙激动地摆手，并解释道："这可使不得。车上的物品绝对不可以踩踏，就连装货的工人都得小心轻放。"

一位刚刚放学的小男孩向司机大声说："这还不简单，你只要把车胎里的气放出来一些不就可以了吗?"人们稍一思考，都忍不住伸出大拇指，赞叹小男孩的方法实在绝妙，很快，司机就开着汽车，顺利地通过了大桥。

将车胎的气放掉一丁点儿，车就能过得去；人生亦如此，将心中的烦怨撇开，才能为智慧和灵感腾出空间，才能轻松无忧地走向成功。生活其实很简单，不要无端地给自己增加一些心理负担，不要自寻烦恼，更不要创造烦恼，最简单的事，就以最单纯的态度去应对。负担减少了，成功的概率才会增加。

放下多余的包袱，先要静下心来，正确地认识自己。这种认识实质上是一种寻找，而不是单纯的反馈。当我们生活陷入最低谷的时候，不必过分在意别人的蔑视和无视；当我们正在为生存而苦苦挣扎的时候，那些践踏你尊严的人，反而会刺激你奋进的内心。这时候，针锋相对地回击，不如理智从容地面对，以一种宽容的心态化解争议，反而会使你的尊严得到保护。

在漫长的人生路上，舍弃物质的享受，才能获得真正的自由。放下，既是一种人生的哲学，又是一门为人处事的艺术。凡事苦苦纠结，藕断丝连，不仅会伤害自己，也会伤害别人。放下安逸享受的生活，才能专心于工作；想要得到别人的认同，就要努力提升自己。俗话说：旧的不去，新的不来。舍得过去，才能全力以赴地迎接未来。与其扛着一座负累的金山，不如拎一把战斗的锄头。

为夕阳易逝而叹息，为花开花落而烦恼，人生难道只能是这样一番悲哀的景象吗？曾经的故事虽然伤感，也只能成为老去的梦，而不该成为今天的主题。放下无谓的思绪，人生才会更加美丽。

6. 别拿尊严去挽留一个变了心的人

放下是一门学问，是净化人格的最好方式。放下烦恼，善待他人，不斤斤计较，不尖酸刻薄，胸怀大爱与宽容，才能获得别人的认同。放下心中的怒气，原谅别人的过错，看到人性的美丽，才能自在平和地生活。别拿尊严去挽留一个变了心的人，人的内心对外境过于执迷，就好像在心和外境之间拴了一根无形的绳索，身心会极不自在。若是所遭遇的一切痛苦完全来源于此，放下执迷，心境自然透亮。

人生在世，食人间烟火，感人情冷暖，有太多的无可奈何、身不由己。心有忧虑，能放且放，心若被困，则天下处处是牢笼；心静如水，陋室也可作天堂。过分执迷，往往事与愿违。譬如一段感情，结局早已尘埃落定，又何必苦苦纠缠、在这一棵树上吊死呢？还不如就此放下，自在地追寻新的人生，常言道天涯何处无芳草，从容面对，幸福迟早会来。

人一旦变了心，就算你将全世界呈现给她，她也未必回头。因为你的悲喜已与她无关，你越刻意对她，她感受到的压力就越大。无论是友情、亲情，还是爱情，如果彼此的天平是倾斜的，那说明这份感情已经发生了质的变化。能挽回则罢，不能挽回，苦苦纠缠也是无谓。如果你在乎的人，有一天因为某些事误会你，并最终离开了你，你可以悲伤，但一定不要懊丧。别拿尊严去挽留一个变了心的人，走出悲伤与苦闷的阴天，才能迎来属于自己的那抹云彩！

有因便有果，有舍才有得。属于自己的就该珍惜，不属于自己的则坚决放弃。每个人只有一双手，能握住的东西总是有限，面对选择，遭受诱惑，静心而为，并不是什么无奈之举。很多东西必然真正属于你，一次理智的放弃，胜过无数次痛苦的拿捏。

琼斯曾经是一位有名的会计师，但因为一次工作的失误，老板辞退了他。他觉得自己能说好几国语言，便希望能够在朋友的进出口公司谋一份秘书的工作。

琼斯几乎把所有的希望都寄托在朋友那里，他本以为朋友会顾及童年的深厚友谊，帮他一把，但朋友的回信却让他大为吃惊："你好，原谅我不能帮你。我是一个公私分明的人，你对公司的业务并不了解，在我看来你干这一行毫无潜质，我也根本不需要什么秘书。即使我需要，也不会请你，因为你连一封求职信都写不好，到处是文法的错误。我暂时不想见你，后会有期。"

琼斯看到这封信时，简直不敢相信自己的眼睛。他十分恼火，但静心思考一番后，马上提笔写了一封回信，内容大致是这样的："朋友，首先感谢你不嫌麻烦地写信给我。我之所以联系你，因为你是我们哥们儿当中混得最好的一个。我并不知道信上有很多文法上的错误，我觉得很惭愧，也很难过。我现在打算更努力地学习，以改正我的错误，谢谢你帮助我走上改进之路。我不会再去找你，哪怕有一天我也取得了跟你一样的成就。”

几年后，琼斯事业蒸蒸日上，还自立门户，成了一家进出口公司的老板。每次回忆起这件事，琼斯总是由衷地感叹道：“他伤害了我的尊严，我不再联系他，只是避免自己受到更深的伤害。或许我还得感谢他，刺激我走上成功的道路。”

不假思索地攻击别人，是最不明智的选择，在情绪的驱使下，人往往会忽略生活最本真的意义。放弃旧的思维，才能收获新的理念；放弃一时的小我，才能成就人生的大我。得与失，没有绝对之分，不是背道而驰，而是相互联系的。人的一生何其短暂，不可能方方面面都涉猎，世界如此精彩，如果只揪住一小撮的美好而错过了整个人生的绚烂，岂不遗憾？

现实生活复杂而多变，可每个人的承受力却十分有限。若是将人的大脑比作一个仓库，当一些可有可无的杂物充斥其中时，一些生动鲜活的物资必然无法容纳。就像读书，整天痴醉于金庸、古龙、卧龙生的武侠小说里，又怎能专心于浩繁庞杂的英语词汇？喜欢读与应该读，在某个特定阶段，两者只能取其一。

人的一生中有很多时候需要艰难地做出选择，而放弃无疑是另一种形式下的选择。很多人放弃家乡安逸静谧的生活，是为了在都市更好地历练自己；一些人放弃城市的精彩生活、花花世界，是为了在乡村奉献自我。舍弃了庸俗的物质财富，才能觅得净化人格的精神财富。

其实，人生就是一个不断放弃、不断获得的过程。放弃一滴水，是为了拥有整个大海；放弃一棵树，是为了得到整片森林。放弃了对遥不可及的梦幻的痴狂，完全地回归现实，才能更好地投入生活，发现生活的美好。

7. 失去的东西其实未曾真正属于你，不必惋惜

岁月就像一条河，一侧是无法忘却的过去，一侧是尚未踏岸的未来。生活有太多的无奈，我们无法改变，也无力去改变。与其羡慕别人的洒脱与自由，不如握住手中的感动与幸福。梦越多，人生就越虚幻；追逐的东西太多，终将成为累赘。唯有懂得选择，学会放弃，才能回归真我。

人生，困苦与羁绊无数，最难做到的就是放下。生活中令人忧愁的事太多了，可谓是才下眉头，却上心头。放下忧愁，才有可能触摸到幸福。什么也不愿放弃，常常会失去更多。

生活中，人们总会遇到各种各样的诱惑。欲求太多，就会被悲剧的人生牵着走；不懂放手，只会在诱惑的旋涡中越陷越深。放下过重的包袱，才能在人生的征途中更上一层

楼。其实，在人生的道路上，需要放下的远不止金钱与名利，在光鲜的人生下，感情、物欲、怪癖皆可抛去。人在旅途，有些事情不必在乎，有些东西必须清空。放下不是盲目的割舍，而是权衡利弊后的理性抉择。

在人生的长河当中，面对艰难与困苦，一定要敢于抛下一切生活的累赘，将一切不如意置之度外，这样才能更快地进步。有些人总喜欢在社交中左右逢源、装扮自己，做人何苦这么累呢？其实摘下虚伪的面具，保持本色的自我，用一颗真诚的心坦然面对，才能得到别人的接纳。拿得起，放得下，才会扫去一切多余的烦恼，发现生活的美丽。

自古成大事业者，绝不会计较一城一池的得失，拿得起，放得下，才是人生处世之真谛。

放下一切阻拦前进的病态心理，才能活出人生的精彩。中国达人秀的舞台上，一位用双脚奏出优美乐曲的钢琴家让无数人感动不已。他以顽强的意志和乐观为臂膀，狠狠地甩下自卑，用生命践行着他那句足以感动天下的话——“要么赶紧死，要么精彩地活着!”

有人说，放弃的实质是趋利避害，这话不完全对。鱼和熊掌很难兼得，有得就有失，上天不可能让一个人享尽福祉，事事企图圆满，往往难遂心愿。要获得，就要有所放弃，实际生活中，只有经历彷徨与洗礼，适时地做出牺牲，才有可能成功。放下与获得就像一对双胞胎，只有在舍与得、迂回与坎坷中认清自己，才会实现人生的转向，获得人性的升华。

今天的放下，正是为了明天的拾起。失去的东西其实未曾真正属于你，不必过于惋惜。一味沉浸于昨天的痛苦，一则触景生情，二则浪费光阴。选择什么样的生活，是自己的权利，别人无法干预，但若是当下的生活并不如意，又何必一味逞强、苦苦支撑呢？固守一处，固执己见，错过了最好的契机，这时，若是勇敢地改变一番，另辟蹊径，前景或许会大为不同。

放弃是一针清醒剂，能让人很快地冷静下心，反思自己的过失与不足，让思路更加清晰。与获得相比，放弃无疑帮助自我找准了位置，拉开了一个崭新的起点，从而焕发出不一样的光彩。放弃是对心境的松弛，是对心田的润泽，它就像一抹彩虹，驱散了乌云，带来了欢欣。

人生的兴奋与苦恼无非是衣食住行、功名利禄，结果之所以事与愿违，就是因为把不该看重的事看得太重，总想放下些什么，却总也放不下。总想给自己找一个最好的出口，却又不自觉地陷入迷雾。殊不知，只有当你舍下浮华与虚荣，放下心里的包袱轻松面对一切时，你才会感受到一种从未有过的开心与自足。

沉舟侧畔千帆过，病树前头万木春。面对困境，放下抱怨，才能坦然面对，风雨无阻。佛说：如何向上，唯有放下。赶路之人放下重物，放下车马喧嚣的羁绊，方能心无旁骛地追求，行得更远。

8. 拿得起放得下的人生才能从容

一个人最大的智慧，在于舍得，在于放下。为人处世，拿得起是一种勇气，放得下是一种胸襟。一个人饱经风霜、历经风雨，往往有自知之明，不会沉溺于鲜花和掌声，对一切嘲讽更是等闲视之。他们不为大的挫折与灾难所动，坦然承受一切的困苦与考验，实乃人生之极高境界。

放弃不是退避忍让，而是一种力量的积蓄。常言道大丈夫能屈能伸，“屈”是为了“伸”得更远，这不是懦弱，而是一种长远的策略。凡事不必过于执拗，刻意地坚持，是一种愚者的傻与痴。无论做什么事都需量力而行，人不可能伸手触到天，一定要放低姿态。

人生并非只有一处风景，生命并非只有一处高点，放下失恋的伤悲，放弃权力的角逐，放下无意义的争吵，放下难以言说的负荷……凡是多余的，该放弃的就要放弃。任何时候，对于人生的思考永远不要嫌早，未雨绸缪，才能获益良多。

马丁是一位生意人，可他的生活过得并不快乐。这一天，他来到智者的面前倾诉道：“我想得到您的指点。虽然我很富有，但周围所有的人都嫉妒我，还对我冷嘲热讽。生活就像是一场尔虞我诈的厮杀，我真的受不了了。”“那你就停止厮杀吧。”智者回答他。马丁对这样的告诫感到无所适从，他带着失望离开了。在接下来的几个月里，他情绪糟透了，与身边每一个人争吵斗殴，由此结下了不少冤家。一年以后，他变得心力交瘁，再也无力与人一争长短了。

马丁说：“哎，先生，现在我不想跟人家斗了。但是，生活的压力还是如此之大。”智者回答：“那你就把肩上的担子卸下吧。”马丁对这样的回答感到气愤，在接下来的一年当中，他的生意遭遇了挫折，并最终损耗了全部的家当。妻儿离他而去，他变得一贫如洗，孤立无援，于是他再一次向智者讨教：“先生，我现在已经两手空空，一无所有，生活里只剩下了悲伤。”智者说：“那就不要悲伤呗。”生意人似乎已经预料到会有这样的回答，这一次他既没有失望也没有生气，而是选择待在老人居住的那个山的一个角落。

有一天，马丁突然悲从中来，伤心地号啕大哭了起来——几天，几个星期，乃至几个月地流泪。最后，马丁的眼泪哭干了。他抬起头，早晨和煦的阳光正普照着大地。他于是又来到了智者那里。他问智者：“生活到底是什么呢？”智者抬头看了看天，微笑着回答道：“一觉醒来又是新的一天，你难道看不到每天都照常升起的太阳吗？”

两手空空，一无所有，人生才可以从头开始。就像面对每天照常升起的太阳，哪怕生活中只剩下可怜的悲伤，也还有一丝暖阳相随。觉得肩上的担子重了，就卸下来歇一歇，俗话说“脚下生风的人，才修得了道行”，拿得起放得下，人生才会轻松自在。过去是好是坏，既然已经定格，就不必再耿耿于怀了。勇敢地迈出第一步，且将当下的自己看作白纸一张，少一分埋怨与不满，生活必然会多一分安稳，多一分顺当。

对于很多年轻人而言，许多道理，总是在经历过以后才会懂得。受了伤害、受了挫折，才会懂得在坚持与放弃之间理性地取舍，在得到与失去中清晰地认识自我。放弃需要极大的勇气，但放弃并不意味着对自己的人生理想、道德准则的背离。放弃自私，放弃虚伪，人才会变得高尚；放弃虚无缥缈的奢望，人才会变得踏实，如释重负。

停留在过去的阴影中不肯走出，就永远看不到前面的阳光。人生如茶，不会苦一辈子，总会有清香四溢的时候。看庭前花开花落，望天上云卷云舒，生活在这个纷扰的世俗世界，学会用一颗平常心去对待一切。

有一首歌谣这样唱道：“放弃了父亲温暖的怀抱，才能有自己活泼的奔跑，放弃满天的星星，才能获得一个崭新的黎明。”在风急雨骤的人生旅途中，需要放弃的东西本该很多，也唯有勇敢地放弃，才能不为名利所扰、生活得幸福安康。

第五章

生活原来如此简单

生活简单就迷人，人心简单就幸福。人这一辈子，要活得简单，并不容易；要活得复杂，却很简单。但不管怎么样，时间不会倒转，生活却仍在继续。唯有坚守一颗淡泊、清净的心，才能真正把握住幸福，把握好人生。

1. 小时候，幸福很简单；长大了，简单很幸福

“假如生活欺骗了你，不要悲伤，不要哭泣！请相信，欢乐的日子即将来临。”多美的一首诗啊！人生就是由欢笑和泪水构成的，有快乐美好的时光，就有痛苦伤心的记忆。当赚到一大笔钱时，会觉得生活很美好，对生活充满希望；而当工作遇到瓶颈时，却只会怨天尤人，认为上天是多么的不公。而每当扫除纷繁情绪的干扰，蓦然回首，才会发现：生活其实很简单，无病无灾，事事顺心，也是一种幸福。

当我们以平和的心态去面对生活时，会发现很多事情其实并不复杂，都可以迎刃而解。没有妒忌，让竞争遁于无形，内部的凝聚力才会更强；没有猜忌，才会相互信任，人际关系才会更加和睦；不好高骛远，不急于求成，日积月累，奇迹才会发生……有首歌唱得好：“阳光总在风雨后，请相信有彩虹。”静下心来，会发觉生活其实很公平、很

美好。

为了能拥有一幢属于自己的房子，我们曾加班加点地工作，以至于一回家立马瘫在床上；为了博得一次升迁的机会，我们曾默默忍受上司的训斥，一年到头来赔尽笑脸；为了获得暗恋之人的芳心，不惜耗费一个月的工资为她买一件暖体的貂皮大衣……对着镜子，大可以扪心自问：生活真的过得幸福吗？

快乐其实很简单，不需要奢华的别墅，一间破旧的平房足矣；放弃无意义的约会，只为陪自己心爱的人吃一碗拉面；也许这辈子永远也成不了富翁，那就心甘情愿做一名称职的员工吧。这才是一种发自于内心、千金难买的欢乐。

人生有很多复杂的过程是可以省去的，思索使人聪明，也使人痛苦。唯有心智澄明，精神上才会放松。简单的生活，难道不应该是这个样子吗？

镇上有对老夫妻，没有子女，十多年来都在敬老院里生活。每次看见年轻的夫妻带着孩子从门前经过，他们都会笑呵呵地追出去看，就像是一对不知愁苦的老顽童。有时抑制不住内心的欢喜，他们还会彼此交换意见，比如怎么哄孩子才会不吵不闹、安稳地睡着，为什么女孩爱吃巧克力，而男孩爱吃冰棒……他们还会兴趣盎然地展开各种丰富的联想，笑得前仰后合。

有一天，他们突然谈到了一个凝重的话题：两个人谁可能先走一步。起初，两位老人都有些遮掩，可说着说着，心门也就都敞开了。老先生的脸上仍然洋溢着宁静的光泽，语气和缓地说："如果我先你一步离开这个世界，你准备怎么过？"

老太太看着远处的一棵树，悠哉地说："我要找一个年轻的小姑娘跟我合住，我需要她用她的活力感染我，从而使我忘记失去你的悲伤。"老太太拍了拍老伴的腿，问他："要是我先死了，你打算怎么过？"老先生笑了笑，顽皮地回答道："我也是这样想的！"

两颗心简单地前行，才是人生的真谛。两位老人没有孩子，但是他们却生活得简单而幸福。其实幸福本来就很简单，想做什么就去做，想吃什么就去吃，有什么理想抱负，就尽量去实现它。凡事不强求，顺其自然，一切都会变得简单。不要奢望天上掉馅饼，知足常乐，端正心态，幸福会时常与你相伴。

上帝因一个单纯的想法，用一样的泥土造就了不一样的生命。既然生命自一开始就是简单的，又何苦再让它重归复杂呢？人生不过短短数十载，即便帝王将相，也不可能将世界上所有美好的事物都占为己有，更何况平凡的我们呢？人啊，还是踏踏实实做事情，简简单单过日子为好。那样，就算不能名垂千古，至少也不会遗臭万年。

人只要心思简单了，生活就会快乐很多。人生，要活出简单来并不容易，要活得复杂却很简单。有些人稍微碰到一些复杂棘手的问题，内心就感到痛苦万分。其实大可不必如此，月有阴晴圆缺，人有旦夕祸福。人生没有如果，只有后果和结果。过去的不会再回来，即使回来也不再完美。生活有进退，输什么也不能输心情。不管命运如何多舛，我自岿然不动就好。拥有一颗淡然的心，你才能更好地把握人生，把握幸福。何必太在意一时的得失，时间虽然不会倒转，可生活却还在继续。

生活简单就迷人，人心简单就幸福。失败后的一句鼓励，成功后的一句赞赏，黑暗中的一声指引，光明中的一个微笑，都是最简单、也最真切的幸福。幸福无声无息，却无处不在，就像纯净的空气一样，时时刻刻都陪伴在每个人身边。只要你耐心地寻找，终会发现它的身影；因为寻找美的过程，本身就是一种幸福。

2. 别让生活像上了发条的钟

有人说，这是一个飞速发展、物质至上的时代。办公楼内整夜灯火通明，加班的人失神地盯着电脑；房奴、车奴们每月在贷款的重压下苟延残喘；朝九晚六，人满为患，公交地铁挤得水泄不通。快速的生活节奏，巨大的生活压力，很多人疲惫不堪、怨声载道，一个个像上了发条的钟似的，容不得片刻停留。可是，生活就是这样，忙是一种节奏，与其在苦难的泥潭中挣扎，还不如停下匆忙的脚步，让身心彻底放松下来。

“忙”，左边一个“心”，右边一个“亡”，麻木地“忙”，离“心亡”也就不远了。你是否感受到了学习和工作的重压，让你呼吸局促，紧张惶恐？你是否感觉到自己在拼搏的路上越走越累、越走越无力，就快要倒向名利的坟墓？

你会抱怨工作的繁忙，学习的劳累；你会痛恨自己，痛恨环境。为什么一天到晚纠缠于剪不断理还乱的事务之中？你有没有想过生活为什么会变成这样，你到底在加班加点地忙些什么？你只顾着做手头上的事、了却眼前的任务，却没有给自己留出思考和总结的时间。所以看似忙忙碌碌，勤勤恳恳，得到的不过是金钱上的安慰罢了。

以前，中国人请人吃饭，喜欢说“您慢用”；吃完饭送客，也爱说“您慢走”。因为在老祖宗那里，似乎一切都是有条不紊的。现在，这些统统成了客套话。一些研究调查表明，近两年城市居民走路的速度比10年前平均快了一倍。生活的节奏太快，会让你错过太多美好的东西。放慢脚步去生活，你会发现身边的一切本是如此生动、如此鲜活。既然现在赚再多的钱也是为以后享受，何不将这种无形的压力现在就分解下来，让每一天都过得充实而有意义呢？佛家说“及时行乐”，其实是不无道理的。

快，是都市生活的基本写照。那么你的生活节奏是从什么时候开始变得如此之快的呢？答案只有一个：从你无休止的欲望树立起来的那一天开始。谁都想过更好的生活，都希望在这个社会上立足，别人的脚步快了，自己也得加快，要不就落在了别人的后面了。这种盲目的“快节奏”不知道害苦了多少人，也许从高考的那一天起，你就已经被塑造成一个知识的“搬运工”了。

凌晨两点，陈教授实在睡不着，就拄着拐杖到校园里溜达。路过实验大楼，陈教授抬头一看，竟发现自己实验室的灯还亮着。

他有些惊讶：难道有贼吗？陈教授快步上了楼，走进实验室，看到两三个学生正在埋头做实验，便上前问道：“怎么这么晚还不回去睡觉？”

学生回答说：“老师，实验还没做完，我们想赶一下进度。”教授又问：“那你们白天又在干什么呢？”另一个学生回答道：“白天也在做实验。”

这位学生本以为陈教授会称赞他，怎料教授勃然大怒：“你倒是说说看，一天到晚都在做实验，哪里还会有时间思考？每个人都像你们这样搞研究，我看这所谓的大学教育迟早要毁！”

埋头苦干固然没错，但若是一味蛮干，盲目冒进，最终的结果恐怕也要大打折扣。人只有在学习中不断思考、不断总结，才会忙有所值。孔子曰：“学而不思则罔，思而不学则殆。”忙碌的你，千万不要因为焦头烂额的事务而遮蔽了思维的光芒。

有些人忙于工作，做事总是一副雷厉风行的样子，从来都不停止脚步，三五年下来身体吃不消，落下一身的病。看看那些生意火爆的小餐馆吧，不到一个钟头，顾客换了一拨又一拨，连吃饭也要赶时间，其实这种快节奏的生活，已在不知不觉中损伤着你的身体。

有人说，年轻就是本钱。可对现在的年轻人来说，这种“本钱”早已提前透支了。你就算拼了命地工作，熬通宵像家常便饭一般，又能怎样？有目标、有追求固然很好，但身体才是革命的本钱啊！如果你不想把多年的积蓄都放进医院和心理医生的口袋，拜托你赶紧停下那无休止的“机械”忙碌吧。

生活所沉淀的意义，只有细细品味才能感受得到。然而，在“快餐文化”盛行的今天，一切似乎都变了味儿。生活的快节奏，使你只能在奔波的人流里来来去去，显得无所适从，根本没有时间停下来，静心地思考生活。那些个遥不可及的远大事业，对于工薪阶层的你而言，永远是“明日黄花别样红”。

总之，人不应该成为上紧了发条的钟，而应该做一台自主调控的洗衣机。足球场上有句话，“谁控制了比赛节奏，谁就控制了胜负”。节奏的控制，关键就在速度的把握。生活中也应如此，该慢的时候就要慢，该快时一定要快，这样才能游刃有余，让自己的人生收获不一样的精彩。

3. 简单做自己，总有一扇门为梦想而开

在哲人的眼中，人生不过寥寥数笔，简单而纯粹；可在世俗者看来，人与人之间尔虞我诈、钩心斗角，在所难免。纷繁的尘世原本很简单，正是所谓的利益分配，在人们的心中凿出了一道深浅不均的沟壑。人只有简单下来，生活才会觉得充实，梦想的大门才会打开。

人，简单了就快乐，但大多数人活得并不简单，所以快乐的人寥寥无几。人一复杂，就陷入了痛苦，因此痛苦的人熙熙攘攘、往来不绝。这个世界，每天都充斥着纠纷与矛盾，谁都想活得简单，可这并不容易。

小王的工厂倒闭了，事业就此一败涂地。他感到灰心极了，在街上百无聊赖地走着，完全不知道人生的方向在哪里。他想要从朋友那里筹一笔钱好东山再起，可是根本没有人愿意帮他。绝望的小王走进酒吧，时常一个人喝得酩酊大醉。人们开始嫌恶他，在所有人的眼中，小王都是一个失败者。小王也认为自己的人生就此完结了，他放弃了努力。

有一天，小王听到别人说，有一位成功学大师能够帮助他。小王心里又有了一丝希望。于是，他找到了这位大师，诉说了自己的苦闷，然后请求大师帮助自己走出困境。大师惋惜地说："年轻人，很遗憾，我也帮不了你。"

小王听到这样的话，感到最后的一丝希望也破灭了。他想到了自杀，因为结束生命是唯一的解脱方法。正在他颓丧地转身准备离开的时候，大师叫住了他，说："虽然我帮不了你，但是我知道一个人可以帮助你。"小王大喜过望，忙问："那个人是谁？他在哪里？"

大师笑笑说："你跟我来。"小王被带到一面镜子前，智者指着镜中的人对小王说："只有镜子里的人可以帮助你。你想要成功首先要认识这个人，这是唯一一个有能力帮助你成就事业的人。"

小王呆呆地注视着镜子里的自己，若有所悟。等到小王再次来到智者面前时，他已经成了另外一个人：笑容满面、神采奕奕。他告诉智者，他终于认识到自己的力量。凭借自己的努力，他终于重新建立了自己的事业。

在这个世界上，唯一能在危难时搭救你的人，只有你自己。复杂的社会生活，往往使人对当下的自己产生厌倦，从而失去前进的动力。每个人都渴望一份简单、一份踏实，想从复杂的荆棘里走出一条小康之路，将束缚的心灵释放出来，可是对于无数庸碌的人们而言，简直就是痴人说梦。然而，生活就是一个由简单走向复杂、再返璞归真的过程。简单，并不是大多数人想的那样，只有当行动和愿望达成统一，这一愿望才能成真。

一口百年老井，一眼望到底，似乎很简单，实则不然，它幽深而澄澈，蕴含着无限深意。人也是一样。生命的深刻与生活的简单，在某种程度上而言是统一的，二者并不冲突。简单，往往是这个世界上最难解读的手势。一个人可以一眼洞穿，并不是他太过简单，而是他太过纯粹。一个拥有至纯灵魂的人，是值得敬仰的。要做就做这样的人，将生活简单化，将自我内化，一旦生活流于表面，就必然会被现实的华丽所迷惑。

做一个简单的人。抛开世俗的烦恼，在心里给自己留一席空白之地，做自己喜欢做的事情。渴了喝水，困了就睡，不必强求，顺其自然。很多事情是无法改变的，也不需要去改变。孤单无聊时，音乐是安慰。累的时候就听听音乐，赶走寂寞与孤单。音乐，是心灵的安慰。深夜，戴上耳机，享受一个人的世界，陶醉在这份快乐之中。再提笔写下一段心情文字，记录下生活的美好点滴。生活，就是这么简单。

做一个简单的人，少谈妄想，少谈后悔，闲品五味人生，笑看花开花落。生活有太多的繁杂，不要逼迫自己做不喜欢的事情，不要纠结于无谓的得失。做人，有时候就应该像孩子那样，怀抱梦想，单纯地奋斗，单纯地追求。做一个简单的人，不要对明天有太多的顾虑和疑问，寻找让自己快乐的初衷，唤醒最初的那份心跳和感动。给自己的心灵放个假，享受一次惬意而温馨的旅行。

人心简单，就是净化。只有贪得无厌、利欲熏心的人才会刻意将事情复杂化。简单是一种回归，拒绝一切装腔作势，只有虚伪的人才觉得难以接受。简单做自己，做内心的主人，就是要积极乐观地面对一切，注重生活的品质，把握好人生的命脉。只有这样，人生才会闪闪发光，才会释放出它真正的能量。

4. 别对生活苛求太多，生活才会充满惊喜

人生无论悲喜，都阻止不了太阳的东升西落。别对生活苛求太多，放低自己，珍惜现在，生活才会充满惊喜。进与退，都是处世的策略，凡事静心而为，才能游刃有余，才能抵达成功的彼岸。

很多时候，一个人的失败，与素质和能力并无多大关系，关键在于标准太高，要求太多，以至于到达某个发展的瓶颈，暴露了太多的短板，失败也就难以避免了。缺点这东西，每个人身上都有，凡事不要绝对化，出了问题先从自己身上找原因。若是以过高的标准要求自己，到时候即便问题出现了，也来不及纠正。凡事由表及里，立足现实，才能预判准确、入木三分。

每个人的心底，都应该有两条线，一条底线，一个标杆。只有合理地安排、切实地框定，人生才能更好地得以掌控。每一个人在社会活动中，都有一个践行的标准，事实证明，高标准、高定位的人朋友少、人脉窄，他们不屑与不如

自己的人交友，这类人往往曲高和寡，久而久之，生活难免枯燥乏味。

生活中，很多人抱怨自己收入低，压力大，没有钱，没有车，没有房。诚然，这都是事实，可是为何不能放眼看看周围的人？也许有人比我们生活得更苦，可他们照样辛苦地投入工作，乐观地面对生活。跟他们相比，还有什么值得抱怨的？而当我们看到，很多物质上更匮乏的人过得更幸福时，是不是也该重新审视一下自己的幸福观呢？

不要去羡慕别人所拥有的幸福，你以为你没有的，可能在来的路上；你以为他拥有的，可能在去的途中。有的人对你好，是因为你对他好；有的人对你好，是因为懂得你的好。成熟不是心变老，而是眼泪在眼睛里打转，却还能保持微笑。

人生不可能永远停留在一个较高的标准上，所谓的完美主义，往往是对自己苛求，对周围的一切苛求，结果把自己累垮了，周围的人也难以忍受。这时候，降低标准，便成为唯一正确的选择。尤其在当今这个充满竞争的社会，要求太多，到最后只能是骑虎难下，自寻烦恼，降低标准，夯实基础，反倒成了解决问题的一把钥匙。

降低标准、要求得少，并不是说遇事退缩，而是一种心理调节和应对。人生是不确定的，况且外在的事物总在不断变化，好与坏，顺与不顺，必然会接踵而来。人只有放低自己，尊重别人，正视现实，才能获得一个好的成长环境。

人生的每一个坎坷，都是不平的，都是经历过波折，才获得了快乐和幸福，找到了另一种生活的感觉。因此，不要对生活要求得太多，只要你感觉到幸福，就该知足了。有时候，从另外一个角度去享受生活，理解生活，才能会感受到生活的快乐。

5. 担心不如宽心，穷紧张不如穷开心

人的一生，难免会遇到很多事。有时候，明知于事无补，盲目担心，还不如勇于求变。如果一天到晚总是为一些不可能改变的事而担心，用太多的时间和精力去想一件事，就会给自己的心理无形增加很多负担。心理负担过重，精神就会崩溃。

人的一生中，成败与得失，都很难预料。很多无谓的担心，会让一切变得复杂。不是每一份责任都需要自己承担，太多的担心反而惹来不必要的烦恼。生活里许多的人和事，往往是捉摸不定的，有时候，吃了亏，也不必去计较，更不必去埋怨，以君子之心度小人之怀，反倒乐得自在。

消极起来不是病，但消极起来要人命。人之所以担心，是因为缺乏安全感，这种不安全感是从潜意识当中发出的。人的潜意识不分好坏，平常担心的事越多，积累的不安全感也就越多，以后再遇到事了，担惊受怕也就在所难免了。

很久以前，有一个老太太，本来身体就不好，还要时常

为两个儿子操心。大儿子卖伞，二儿子卖鞋，老太太晴天哭，雨天也哭，发愁啊！天晴时，跟邻居抱怨：大儿子的伞卖不出去。雨天时，又跟路上的车夫絮叨：二儿子的鞋卖不出去。一个行脚僧云游至此，问老婆婆：为何事而哭啊？老太太便一五一十地把自己的苦衷告诉了和尚。和尚听完后，大笑一声，挥着竹扇，耐心地说道："老人家，告诉你一个开心的法子吧！到了晴天，你就想：卖鞋的生意好，雨天时，你就该想：卖伞的生意好。这样，岂不是天天宽心、日日开心吗？"

人应该活在当下，不该由着自己的脾气，任心思来回摇摆。烦恼的事情，不是一直处于烦恼的情绪中就能解决的。与其无可奈何地担心，不如积极地想一些办法，如果一时半刻解决不了，就耐心地静观其变。开心是一天，不开心也是一天，凡事都往好的方面想，才能安心踏实地过日子。

有个贵妇，总是担心自己的丈夫在外边有不轨行为，担心他将赚的钱都藏匿起来，担心自己老了以后被人抛弃，担心孩子长大后不知检点，挥金如土，将家业败光。因为担心，她变得脾气暴躁，结果，他和丈夫的争吵不断，孩子对她也避而远之。

李开复在其所著《做最好的自己》一书中说道："有勇气去改变自己可以改变的，有胸怀去接受不能改变的，有智慧去分辨两者的不同。"担心，不如改变；无力改变，就尽力把生活过得从心底里觉得好。人生也会因此而无憾，而变得更加精彩。

无论什么事，尽力了就好，不妨淡定一些，从容一些。敞开心灵，放宽心思，才能看到这个世界的美好。若是生活只是一味地带给人们痛苦和磨难，那这样的生活显然是不真实的，也许对于很多人而言，它只是剥夺了享受富贵的权利，可并没有夺走人生的快乐和自由。没有蔚蓝的蓝天，可以有飘散的白云；没有浩瀚的大海，可以有悠然的小溪；没有芬芳的草原，可以有青绿的原野。没有人愿意做生活的旁观者，忧愁会让一个人越来越看轻自己，每个人都有属于自己的人生精彩，好好地活，开心地活，才能活得丰富、活得自在。

人的一生，总会遭受各种各样的苦难。每个人面对苦难，都会有不同的感受。一本书的价值，不在于是否被人阅读过，而在于读书的人有没有从中学到什么。苦痛也是一样，宽心视之，它就不再是单纯的苦难。

人们常说，很多东西失去的时候自己才会懂得珍惜。就像幸福从指间划过，但是人们却没有真正发觉它。谁都不知道人生会发生什么，太多的担心反而让内心变得不安，无法珍惜当下，生活的节奏也会轻易地被打乱。摆正心态，让一切自然而然地发生吧。只要有一颗宽大的心胸，人生永远不会太糟。

回首那些不顺心的日子，那些依稀走过的岁月，人们总是惊讶地发现，原来自己的生活与别人相比，并没有太大不同。担心不如宽心，穷紧张不如穷开心。坦率自然，会让人的生活美丽而丰富！

坦然，是失意后的一种乐观；是沮丧时的一种调整。回首走过的路，应该为自己感到骄傲，因为：你曾乐观、勇敢地趟过人生这条河，你也曾静心地感受生活、微笑着面对一切。

6. 不要做苦恼的完美主义者

没有一个人不曾经历生活的痛苦，因为痛苦本身就是我们人生不得不承受的一部分。人生是不完美的，什么东西都想得到，往往到头来什么都得不到。人生就像一场戏，过去的已经一去不复返了，再怎么悔恨也无济于事。所以，不是世界不完美，而是我们心不静。不必过于计较过去的得失，抓住现在，你才能斩获美好的未来，成为万众瞩目的“明星”。

古人云，“完美乃十全十美，鲜见瑕疵，无可挑剔之物也”。然而人的生命有限，精力有限，这就决定我们必须静下心来，抓取最重要的部分，舍弃次要的部分。任何患得患失的行为，都会在无形之中成为我们前进路上的绊脚石。

完美只是一种追求的目标，但永远不会成为结果。有很多人为追求完美，而放弃了很多不应该放弃的东西，浪费了很多不应该浪费的时间，但到头来还是不完美。

在人生的旅途中，有的人喜欢轰轰烈烈，闯出自己的一片天，成功了光耀千秋，失败了也不遗憾。可是，更多人只想在平淡中走完人生，甚至愿意躲在角落里，看尽芸芸众生，看透人世繁华。固然这种人生并不完美，甚至毫无意义，可在一部分人看来，那才是他们眼中的完美。

人生之所以要奋斗，就是因为生活充满诸多坎坷，奋斗本质上也是为了弥补人生的缺失。一味追求完美，必然造成对自己苛责、对他人刻薄的结果。人只有淡化过去的不完美、放大未来的完美，才能真正感受到幸福，换而言之，只要你的心完美，这个世界就完美。

生活中，辛酸的泪水，失足的悔恨，都是不完美。我们总是无法改变别人的看法，有些可能是恶意的中伤，有些可能并不客观，既然我们无法控制这些不当言论的传播，又何必耿耿于怀呢？我们主观上想要好好生活，可是客观上却没能如愿，原因是我们总奢望获得别人的同情和怜悯。

人非圣贤，孰能无过？很多时候，过多地踟蹰于自己的过错是没有意义的。事实胜于雄辩，我们能控制的只有自己。常常思考自己的过失，有助于我们从失败的泥潭里爬出来，迎接更好的生活。让生活变好的金钥匙不在别人手里，不要总是指望去改变别人，我们应该静下心来，主动掌控自己的命运，做自己生活的主人。

所谓的完美都是相对的、虚幻的，它就像一个透明的玻

璃球，只要摔到地上，立马破碎。就像做生意、办公司，最意气风发的时候，往往最容易跌入危险的陷阱，谁都知道这个道理，可谁都避免不了。就像一个抛物线，到达顶峰就意味着该走下坡路了，这也是事物发展的必然规律。多数家庭同样如此，创业的时候，夫妻俩同心同德，可小日子刚刚红火，就马上挥霍享乐、不思进取，不是“小三”频出，就是离婚败家，最后又回到当初一穷二白、从零开始的状态。

水至清则无鱼，人至察则无徒。我们可不是生活在诸子百家、道德至上的时代，这个年代有这个年代的价值观，没有强大的物质支撑，谁都活不下去。平心静气，赚自己该赚的钱，想解决问题的法子，有何不对呢？反过来讲，虽然生活不完美、有缺憾，但也要世事洞明、坚守底线，若是处处容忍别人的缺点、睁一只眼闭一只眼，任由他人兴风作浪，岂不是要天下大乱？

有时，不妨换一种眼光看世界，兴许你会发现，在“恶”的人眼中，这个世界无处不破残；而在“善”的人眼中，世界却总有可爱之处。既要对自己有信心，也要对这个世界有信心。尽管坎坷的困境让人痛苦，可往往也会成为永久的回忆，它让人们在以后的人生历程中坚定信念，冲破一个又一个的枷锁，一步步充实，一笔笔描绘下精彩的人生。

总而言之，别太迷恋眼前的风景，或许走到尽头，你才会发觉：不过只是一片荒芜。静心、安心地守住自己的一亩三分地，战斗在事业的第一线，将每一次的不完美都看作不可避免的考验，相信到最后，每个人都会收获属于自己的“黄金”。

7. 生活不容易，不要自己为难自己

有时，生活像是一杯苦酒，它的苦涩，不仅在于入口时对喉咙的刺激，还在于它的后劲，给人以长久的折磨。生活当中，总会有一些黯淡失色的日子，每个人都有情绪低落、发小脾气的时候，但凡事过犹不及，一定不要让泪水决堤，不要自己为难自己。

生活不是偶像剧，外面的世界远没有想象中那么美好，不是每一分付出就能换来一分同样的回报。在悲观者看来，这世上只有昙花一现、朝不保夕，根本没有什么天荒地老、海枯石烂。上要敬老，下要护小，柴米油盐酱醋茶，这也是一种平淡的幸福，然而前提是一样都不能少。

有首诗这样写道：“不是所有的花都是香的，不是所有的果都是甜的，不是所有的日子都是美丽的，不是所有的路都是平坦的，不是所有的事都应该有结果。”昨日之事，无论美好还是凄凉，都已经过去。一味地在苦难中挣扎，为难自己，只会让自己走在危险的边缘上，是对自己极大的不负责任。

人生的格局，很多时候是无法轻易改变的；但人生观和价值观可以不断改变。纵然无法改变环境，但还是可以改变

心境。漫漫人生，花开花落，不可能永久地停留在幻想的景致当中。人世间的风景，不会因为一时的嗟叹而美丽。时间在走，脚步不曾停留，人生的剧目正在上演，过多地顾及，过多地为难自己，到头来花开荼蘼，失望的只有自己。

回忆有属于回忆的位置，要学会抹掉眼角的泪水，微笑着面对生活。想要改变不好的处境，跟不愉快说再见，最起码不能停留在原地，一定要冲破失败的束缚，给自己树立一个新的标杆，重新站起来。

做人，善待别人的同时，一定要善待自己，不可为难自己。所谓的不如意，只是人生理应接受的考验，就像是旅程中的一场大雨，晴天时的一声霹雳，没什么大不了。失落时、心情不好时，找一个舒心的地方，平复心情，调整心态，乃是很好的一种选择。人只有在这个时候，才能淡定地认识自己，更接近于自己的内心，从而找到真正的人生方向。

刘先生是一位著名的钢琴家。一天，有个富翁，邀请他参加一个宴会。刘先生看到与会的众人，全是庸俗不堪的男女，心里很不舒服，但又不好主动退席，只得硬着头皮、闷闷不乐地坐在一旁。怎料，宴会进行到一半，富翁竟请他为众人演奏一首曲子，他不好推辞，只得勉强弹了一首。刘先生跟富翁并不熟识，事后他打听了一下，得知富翁原来是个皮鞋匠，这几年才暴富起来，于是常常举行酒宴，借此巴结社会名流，提高自己的身价。过了不久，刘先生也举行了一场宴会，除了文坛名人之外，还特地把富翁和那次晚宴的一些阔少小姐们请来。

宴会结束时，刘先生拿出一双破皮靴，递给富翁，戏谑地说："请帮忙补一补！"富翁感到很惊奇，不知是何道理。刘先生解释说："我是个钢琴家，你是个皮鞋匠。上次宴会，你不是叫我当众表演我的看家本领吗？这回该轮到你表演了！"旁边有位老师款款走了过来，笑着对刘先生说："你这是何必呢？表面上看你们只是为难了彼此，实质上是你先和自己过不去，作为一个钢琴家，你太容易受环境的影响，内心太脆弱。"

人啊，总喜欢为难自己，和自己过不去，还要和别人过不去。有些人为了一些芝麻大小的事，经常日思夜想，反复考量。有些人对一切人和事都感到敏感，只要有人低头耳语，就怀疑是在说自己的坏话，于是处处设防，心存芥蒂。有的人因为考试时答错一道题而寝食难安，更为失手打破了一个茶杯而悔恨不已，即使芝麻大小的事，也不会原谅自己。

人生，就像游戏，每一条道路上都可能有一道道关卡，考验着每一个来者。最大的智慧，人生的真理，往往藏于平淡无味中。遇到伤心事、心里受了挫，不妨先把自己的坏心情放在一边，好好地疼爱自己一回，照顾好了自己，才有能力去照顾别人。所以，千万不要在伤心的时候为难自己，否则痛苦不仅有增无减，反而会加倍。

8. 幸福不在别人眼中，而在自己心中

现实生活中从不缺少美，只是缺少一双发现美的眼睛。幸福也是一样，它就停靠在人们身边，只是很多时候，被抛于脑后，被轻易忽略。幸福没有固定的模式，也没有准确的形状，幸福，不在别人眼中，而在自己心里。

幸福是什么？幸福源于一切使人心情舒畅的境遇。每个人的人生体验不同，所以即便是在同样的境遇下感受同一种事物，每个人的感觉也会不同。流落街头的乞丐，只要给他一顿饱饭，他便会感到幸福；可在大款大腕那里，不说一顿饱饭，就算山珍海味，大概也激不起他心中快乐的涟漪。

幸福，其实只是一种感觉，发自内心。感受活着的乐趣，感受生命的律动，在阳光明媚的春天里，放飞自己快乐的心情。幸福，其实真的很简单。有位哲人说：人生就像一本书，书里交代了什么，就读什么，无所谓幸福与不幸福，且任由快乐、哀伤两种情绪自在地去吧。有人说，幸福就是拥有，每一行成长的足印，每一滴成长的泪水，从不同的立场去看，会有不同的内涵。

一家社会科学杂志的调查结果显示：真正感受到幸福的

人，并不认为自己比其他人拥有更多的幸福。生活感受的巨大差异，取决于因为人们对待生活的态度。真正幸福的人，从不抱怨生活，从不议论和过分关注别人，他们不会在类似“生活为什么如此不公”这样的问题上过多纠缠，而是努力去解决问题。

当人们专注于某一项事业或工作、自我的潜能得以充分发挥时，内心往往是激动而愉悦的，这种充实的感觉，也是一种难以名状的幸福。内心充实而幸福的人，往往会将生活打理得有条不紊。整齐而有序的感受，能让人保持轻松的态度，精神上倍感自信，也更容易获得心灵上的满足。

每个人的心底都有一面墙，投以月光，它便温馨；投以关爱，它便幸福。幸福，只是一种发自内心的感觉，并不需要华丽的修饰，却需要我们用心去呵护。可能很多人都不曾觉得，原来思念一个人，也是一种甜蜜的幸福。有时候，一个问候的电话，会让身处异地的对方感到无比温暖。

幸福不在别人口中，自己内心的感受才重要。

对很多人而言，最大的幸福不是接纳，而是舍予。一份单纯的心意，一直传递下去，就是一种莫大的幸福。

幸福的生活，就像一辆运行平稳的车，乍一看，还以为它处于静止，实际上它正踩着“时光”的油门，飞快地运行。回忆是幸福的，守望也是幸福的，幸福是一段难以割舍的情缘，是一段不曾尘封的回忆，幸福，可以很深刻，也可以很简单。

也许从来到世上的那一天起，我们就注定扮演某个特殊的角色。有些情感，不需要太多的语言解释，与父母的一个眼神，与恋人的一个拥抱，与朋友的一声祝福，这样的表达看似简单，却充满深意。生活在这个世界上，大部分人都是普通的，也许某些人并不甘心如此，但回过头来，幸福就是这么简单，简单得让人觉得不可思议。

人生的幸福，或大或小，都需要小心呵护。在那些心境透明的人看来，远离尘世的喧嚣就是幸福。除夕之夜，无论多么的奔波劳累，只要能与家人团团圆圆地吃顿饭，就是幸福；在乎一个人的感觉，为了所爱之人无怨无悔地付出，就是幸福。

午后的片刻歇息，品一杯香茗，手捧一册静心之书，半躺在一张舒适的沙发上，看到细雨打湿窗台，也会欣然地笑出声来，这就是最微不足道的幸福，却也是最弥足珍贵的幸福。幸福是泥土中一粒舞蹈的种子，是波光下一泓清纯的泉水。幸福，是一段漫长的征程，却又是一分耕耘，一分收获，人们只要静静地感受就好。

第六章

人之所以痛苦，在于追求着错误的东西

活在俗世之中，每个人都有痛苦，而且痛苦的程度大小不一。有的人功利心太重，野心太大，殊不知，欲望是风，能将人吹向更高、更危险的山峰。爬得越高，反而摔得越狠。人只有放下名利，卸下物欲，才能心如止水，回归清净的生活。

1. 无限膨胀的欲望是燃烧自身的烈火

欲望，就像一把大锁，禁锢于人们的心中。有些人懂得把控自己的欲望，有些人则时常在欲望的驱使下冲出底线，闯了祸，只好自食苦果。欲望有时也是动力的一部分，人不能失去它，有了欲望的指引，才会有奋斗的目标和前进的方向。但如果不计后果地去满足自己的私欲，任之无限地膨胀下去，迟早会被欲望淹没在人潮当中，从此失去自我。

从生存层面来讲，人和一般的动物没什么区别，离不开空气、食物和水，还必须有合适的温度和湿度，以及其他的生存条件。当然，为了维持自己的生存，还需要有繁衍后代的欲望。

物质、身体上的需要得到了满足，人自然就有了享受的冲动。琴棋书画，花鸟鱼虫，其中的无穷趣味和欢乐，远远大于最基本的物质享受。

在物质和精神享受之上，人还需要获得一种情感的寄托，譬如友爱、亲情、情爱。人最高的欲望追求来自于个人价值的实现。即使是再普通不过的平头百姓，也有自己的心愿和理想。这种欲望，乃是整个人类社会进步和发展的强大动力。

人的欲望无穷无尽，但满足欲望的方式却是多种多样的。千万人挤一个独木桥，欲望碰撞到了一起，就形成了竞争，竞争又会带来欲望新一轮的膨胀。俗话说，芝麻开花节节高，但步步高升也是有限度的，有时候，爬得更高，反而摔得更狠。

很久以前，有一位农夫，一次上山砍柴，在悬崖边救了一个受伤的天使。

天使痊愈之后，告诉农夫："为了报答你的救命之恩，我可以满足你任意三个愿望。"

农夫大喜，回到家中立马把这个好消息告诉了妻子。妻子是一个精明能干的女人，她让农夫告诉天使，他们需要整整一屋子的金银珠宝。当看到整屋子都堆满璀璨夺目的珠宝时，夫妻俩吃惊得连嘴都合不拢。

可是他们仍不满足，于是又来到天使那里，希望得到一望无际的良田，天使同样满足了他们的愿望。农夫和妻子一边躺在已经属于自己的万亩良田之上，一边想：如何充分地利用好这最后的一个愿望，妻子灵机一动，想了一个好办法。

再次见到天使时，农夫就按照妻子教他的，向天使表达了自己的第三个愿望："我们希望以后想要什么就有什么。"说完这句话之后，他突然看到自己家中所有的金银珠宝全都没了，而且万顷良田又变回了原来的荒山野岭。

"为什么会这样？"农夫气愤地问天使。天使告诉他们："人的欲望会漫无边际地自我膨胀，膨胀到一定程度就会毁灭人心。你们丝毫不控制自己的欲望，最终只能接受被欲望毁灭的命运，看在你救过我的分上，我姑且先救你一回。"

做人，一定要知足，千万不可让不合理的欲望吞噬心性，让无限膨胀的欲望扼杀了智慧。人生的每个阶段拼接起来，才构成了一条完整的生命轨迹。就像一条前缓后急的抛物线，高度不是评价人生的唯一标准。而对于普通人来说，一旦处于这条抛物线的顶端，反而应该更加谨慎，因为一不小心，就可能跌入低谷，难以翻身。

年少时的人们，往往单纯乐观，可随着年龄的增长和生存环境的变化，内心则一天天变得复杂。其实，欲望和杂念就像尘土，若是不及时清除，日积月累，就会变成难以抹去的尘垢，让整个人生也随之沉重起来。而一旦被欲望的灰尘蒙蔽了双眼，再想超凡脱俗、回归清净，可就比登天还难了。

人生的诱惑太多，导致许多人急功近利，跳不出名利的圈子。欲望是一个不得不防的陷阱，有欲望就会有痛苦；欲望太多而得不到满足，痛苦自然也就成倍地增加。

这个世界上，物质带给人的痛苦远远大于精神。人的欲望是不会穷尽的，而现实条件总是有限的，很多人之所以身陷罪恶的渊源，到最后无法脱身，说到底，就是“贪婪”二字在作祟。太看重名利，野心太大，自身的能力不足以达到，还不甘心失败，于是铤而走险，伤害了自己，也伤害了别人。

做人，最主要的一点是务实，直面生活的真相。每个人看到美好的东西，都会产生一种愉悦的感觉，这种发自内心的愉悦持续下去，就会形成一种自私的冲动，即占有欲，很快，一种介于欣赏与占有之间的贪欲就会在心中萌发。

欲望是风，将人催促到更高、更危险的山峰；欲望是水，让人沉溺于不可测的深渊。

活在俗世红尘之中，就免不了心生杂念。如果该放下的不放，该丢弃的不丢，被欲望缠身，势必要误人误己。如果说前半辈子是希望的叠加，那后半辈子就该是欲望的递减了。人生如水，此起彼伏，难以预料，想要活得自在，就要学会控制欲望，懂得什么该拥有，什么该放弃。

2. 过分贪婪会让已有的东西失去

常言道：小洞不补，大洞吃苦。一个人的渴望升级为欲望，贪婪就会出现。很多人大半辈子都是在跟一个“贪”字较劲，殊不知，贪欲是一个不得不防的陷阱，过分贪婪，痛苦就会加倍。贪婪的人什么都想得到，可往往到最后什么都得不到。

《离骚》有两句诗形容得恰到好处："众皆竞进以贪婪兮，凭不厌乎求索。"在古人看来，爱财谓之贪，爱食谓之婪，有的人，贪婪之心大于天，没当官时想当官，当了小官想当大官；没有房时想买房，有了小房又想要大房，一套房产不够，还想要更多……

过分的贪婪会让人的内心发生质变，要知道一切罪恶的源头本就是欲望和贪婪。很多人任贪欲的藤枝四处蔓延，一开始心存侥幸、接受小恩小惠，到后来肆无忌惮，以至堕入犯罪的深渊，再难回头。古人云："吾日三省乎吾身。"人要保持良好的心态，严格要求自己，切不可为一时之利，自毁前程。

小徐和妻子多年来靠捡破烂为生，每天一大早，他便拖着一部破三轮车到处捡破铜烂铁，每天晚上九十点钟才回家。小徐生活中最大的爱好就是唱歌，每次回到家的时候，妻子就会在院子里给他摆一盆洗脚水，他搬一张凳子过去，双脚浸在盆中，就开始放声高唱。心情舒畅了，压力也释放了，这才进房睡觉。

徐家的对面住着一位富人，每天在院子里拿着手机走来走去，这边放贷，那边收债，脑子里时常充斥着无数烦心事。每次看到小徐每天快快乐乐地出门，晚上轻轻松松地唱歌，既羡慕，又不能理解：为什么我这么有钱却不快乐，而对面那对穷夫妻却如此潇洒自在呢？

伙计猜出了主人的困惑，诡异地笑道：“想让他们烦恼还不容易，您只要给他们一大笔钱就是了！”富人照伙计说的做了，送了十万元给这对小夫妻。拿到钱以后，小徐再没有去捡破烂，一心迷上了赌钱。三两个月下来，手上的钱竟然翻了一番。

小徐的贪欲一下子被点燃了，半年下来，他茶不思饭不想，一心扑在赌局上。妻子也被他蛊惑了，将钱藏在墙缝里，放在枕头下，可还是怕丢，满脑子都是烦恼。很快，小徐就输光了所有的钱，最后连捡破烂的车也搭进去了。看到小徐的遭遇，富人这才恍然大悟，原来，钱财也是一种莫大的负担啊！它足以惹来无端的贪欲，毁掉人的一生。

人的欲望是不会穷尽的，而现实条件总是有限的，欲望是一个不得不防的陷阱，有欲望就会有痛苦。所谓知足常乐，就是把欲望控制在一定的限度内，这毕竟很难做到。

很多时候，人们对自我的认识就不够。无欲，其实就是佛家所说的“去妄想”，实质并非什么高深的大智慧，恰恰只是一种心态的调整，一种心境的转变，简而言之，就是把不正当、过头的欲念去掉。很多人之所以身陷罪恶的渊源无法脱身，说到底，就是“贪婪”二字。为自己制订了过高的目标，本身的力量不足以达到，还不甘心失败，过程中铤而走险，伤了自己，也伤了别人。虽说不偷不盗，但野心太大，超过了个人承受的极限，迟早会生出无端的祸乱来。

不放下贪婪和欲望，却整天吃斋念佛、祈求平安，不过是自欺欺人罢了。处于危险的关口，很多人都会在心里立一块无字的牌子，与一切贪念划清界限；可对于那些刀口上行走的人来说，似乎看到了一线生机，宁可脱离实际，也要到八卦炉里走一遭。也许这样的事，并没有逾越道德的底线，但却是违背常理的，还是少碰为好。

常言道，种“欲”简单去欲难。戒掉一个贪，去掉一分欲，整个人马上会感到轻松而自在。任何时候，人只有从去欲的角度出发，不断调整自己的心态，做该做之事，做心中认为对的事，才会活得从容，活得快乐。

人活一世，有些时候就需要睁一只眼闭一只眼，既然无法改变这个世界，那就试着去改变自己。人应该主动适应环境，每个人只是这世上的一颗沙粒，一粒尘埃，时间可以改变一切，也包括我们自己。做生意要讲诚信，做官要讲良心，这才是理性的现实。如果都为了积累财富而做出伤天害理之事，那人生岂不是要在痛苦中度过？

想要遏制内心的贪欲，保持内心的安宁，不失为上上之策。不为金钱所动，不为“红灯”所迷，不为物欲所役，不为烦恼所累，及时扫除自己思想上沾染的灰尘。看淡名利，才不会因为一时的贪念而迷失方向。洗涤心灵，摆脱贪念的羁绊，人生才会无怨无悔。

3. 人生苦短，不能在欲望和绝望中度过

佛说：快乐多与少，与现实的生活感受成正比，与内心的欲望大小成反比。快乐就是人满足于现实的一种体现。然而对于部分人而言，拥有的钱多、车多、房也多，快乐与幸福却并不一定多。不是每个人都能成为乔布斯或比尔·盖茨，因为现实和理想之间往往隔着一道沟，很多人很可能一辈子都越不过去，但生活还得继续，日子还得过。

人生，免不了的东西有两类，一是出生和死亡；二是希望与绝望。绝望，是一种负面的情绪，它往往距希望只有一步之遥，很多人在绝望中等候奇迹的出现，也有不少人在绝望中永久地离去。

被称为“经营之神”的日本松下企业的创始人松下幸之助，在很小的时候就在外面打工。父亲去世之后，他一个人挑起了家庭的重担，这使他很早就体验到生活的艰辛。

22岁那年，松下幸之助进入了一家电灯公司，成为一名检查员。有一天，松下幸之助觉得身体不舒服，到医院检查，发现他患了家族病。在他家族中，已经有9人因这个病离开了人世。然而，这个时候他没有退缩，反而更加豁达起来，他心里对各种可能发生的事情都做好了准备。

后来，他摸索出一个与疾病抗争的办法，他不断调整自己的心态，用平常心面对疾病；他调整自己的身体机能，增加自身的免疫力，使自己的精力更加旺盛。就这样持续了一年，他的身体变得越来越结实，他的内心也越来越强大。

患病一年后，松下幸之助对以往的工作不太满意，于是辞去了工作，开始独立经营插座生意。创业之初，恰逢第一次世界大战，物价飞涨，而当时松下幸之助的总资金不到100万日元。公司成立后，由于产品销量不佳，他的工厂无法维持下去，加之员工陆续离开，松下幸之助陷入了困境。

但是，松下幸之助没有失去信心，没有放弃梦想，而是把这一切看得很开，认为这是经营过程中必然的过程，他告诉自己："只要再下点功夫，就会成功的。"果然，功夫不负有心人，在松下幸之助的坚持下，他的生意慢慢有了转机，渐渐走出了困境。

可是1929年，世界性的经济危机席卷全球，日本的经济未能幸免，松下幸之助突然变得一无所有，但是他没有屈服，反而愈挫愈勇。而今，提起"松下"，很多人都耳熟能详，它已经成了世界著名品牌。

绝望，如冬日的寒风一般萧瑟，让人惊慌失色，让人欷歔不已。现实生活中，困扰大部分人的不是死亡，是绝望。积极的人在绝望中、在每一次饱经忧患中，都能看到机会、看到出路；消极的人则在机遇面前装聋作哑，只看到一种愁云惨淡的忧患，这也许就是成功者与失败者的区别。

一位老人在生命垂危之际，感慨地对儿孙们说：我这一辈子，之所以没能取得成功，就在于对人生过早地陷入绝望，因此大部分的时间都在哀叹和徘徊。

试问：当看到初升的太阳，或呱呱落地的婴儿，我们还会觉得人生无望吗？电影《太阳照常升起》里有一段意味深长的台词："我们都在受无常之风的追赶，常常是自身的迷惑挡住了自己的路。"生活，其实就是一盘棋，一步走错，并不意味着结束；在绝望中挣扎，则必败无疑。

这个世界上，本没有什么绝望的处境，只有对处境心生绝望的人。生活中，短暂的困难在所难免，坚实地走好脚下的路，说不定到了下一站，一切的阴霾就会过去，蔚蓝的天空还在重现，一切都会恢复本来的面貌。

人生只提供单程车票，很多人明白这一点，但不一定时时记得。在不该绝望的时候绝望，无异于为自己的死亡做彩排，全然是浪费生命。上天大多数时候是眷顾乐观者的，这个世界上，能够对悲苦和快乐一视同仁的人十分罕有，一脸的痛苦和落寞，对于现实而言，只是一个无辜的表情而已，什么都换不来。

如果无法接受失败的现实，大可以换一种思维，换一个角度去看待问题。顺心顺意的生活太难求，有悲有喜的人生才真实，长大了就不能再像孩子一样使小性子。在阴暗的角落里逃避、抹眼泪，不会对现实带来任何积极的改变，只能让整个人的状态更低迷、更消沉。

遇到不幸，试着保持一种乐观豁达的态度，把一切的痛苦和快乐当作你的左右手，生活不丰富，就失去了它的意义，抓住现在，珍惜生活的点点滴滴，人生才不会荒废。

在生命的长河中，时光永远是一去不复返的，不要埋怨韶华易逝，不要埋怨命途多舛，今天输了，擦干眼泪，明天接着奋斗。夕阳西下，明早还会东升，春天过去，明年还会再来。只要脚下还有路，心不被欲望和绝望笼罩，明日的风景就值得期待。

4. 太爱慕虚荣就会迷失自我

虚荣就像一团浓密的乌云，会挡住生活里的阳光，使人长久生活在悲哀的阴影下。人一旦被虚荣所俘，身心就变得轻浮，什么谦虚谨慎、自知之明、沉着稳健，一切好的品质就都被侵蚀了。时间久了，这一虚荣的气球会越来越大，稍微经历一些考验，就会被现实的针尖扎破，现出原形。

相信很多人都读过莫泊桑的小说《项链》，新婚不久的马蒂尔德总是哀叹自己的命运不济，为自己没能享受到上流社会的高贵奢侈而难过。后来，为了满足自己的虚荣心，马蒂尔德从朋友那里借了一条名贵的项链，命运似乎有意在嘲讽她，她为她的虚荣耗费了足足十年的光阴，最后才知道她丢掉的那条项链原本是假的，根本值不了多少钱。

生活中，每个人成长的环境不同，天分和资质也有所不同，这种先天或后天的差异，很容易滋生部分人的虚荣心。

爱慕虚荣之人，注定要为自己失当的言行付出代价。虚荣的人，内心永远波澜四起，稍有点风吹草动，他便会整夜睡不着，思前想后，焦虑万分。看到豪华的跑车、精美的服饰，没有人不动心，但只有一少部分人会落入贪慕虚荣的怪圈。

一个拥有强烈虚荣心的人，内心深处往往是极度空虚的。被虚荣占据心灵的人，每天的生活就像表演一样，劳累而乏味。可为了能够吸引别人的注意、得到别人的赞美，很多人宁肯失去自己、吃尽苦头，也要去追求那些原本不属于自己的东西。虚荣心作祟的人，往往以向他人炫耀物质上的富足为乐趣，甚至为了讲排场而不惜代价、不择手段。

每个人都希望自己成为别人关注的对象，都想得到自尊心的满足，这也因此成了许多人不懈奋斗的动力。可是在有些人看来，自己无论怎么努力，别人都会对自己嗤之以鼻。一个人为了得到好的待遇、好的人脉，不惜制造一些假象来迷惑别人。可是，纸包不住火，一切虚荣的伎俩只能博得暂时的满足与欢愉，再久一些，那些浮在水面下的无知和丑陋，还是会败露。

做人，一定要抛弃虚荣的包袱，个人的生存与发展，从某种意义上讲，不会对别人乃至周围的环境产生太大影响。每个人都应该为自己而活，而不是为别人而活。事实上，除了自身，很少有人对我们的人生感兴趣，所以，不必过多地在意别人的目光和表情。

虚荣就像一面隐形的墙，会阻碍人们前进的脚步。有的人因为工作的不体面烦恼不已，有的人则因为自己的贫穷而自卑难过。为了满足自己的虚荣心理，有的人会刻意地拉拢关系，讲哥们义气，走上层路线，为的就是在人前炫耀一番。

虚荣心强的人，往往工作不踏实，喜欢做表面文章，搞形式主义。只要有扬名的机会，一定不会轻易放过，凡是劳心劳力的工作绝不染指。这样的人还经不起批评，由于过分注重别人对自己的评价，一旦不受重视，自信心马上受损，感觉自己像受了侮辱一般，情绪一落千丈，甚至一蹶不振。

虚荣，是滋生危险的温床，会将人引入歧路，使人迷失自我。年轻人都有理想追求，都希望事业上取得成功，但是如果只顾在众人面前树立自己的形象，就很容易滑上虚荣心的斜坡。

有人说："把虚荣当成美酒痛饮，醉了之后是极难醒的。"人一旦为名利的虚荣所惑，就很难再保持冷静的头脑，就会不可抗拒地朝看不见方向的黑暗扑去。人应该追求一切光荣而伟大的事物，千万不要用虚荣来伪装自己。

做人就应该脚踏实地，不弄虚作假，更不可沽名钓誉，驱除个人的私心，发扬实事求是的作风，真正做到在淡泊宁静中获得自我、实现自我。

5. 活得富贵，不等于活得幸福

孔夫子说得好："不义而富且贵，于我如浮云。"富贵，有时候是一种潜在的风险；贫穷，则反而是一种宽大的恩赐。

金钱可以买来富贵，买来无数盏高雅、炫彩的吊灯，却买不来一船星辉、盈盈月光。

多年前的一个清晨，两个天真烂漫的小孩正在快乐地玩耍，他们的母亲走过来对他们说："亲爱的孩子，今天有一位富有的女士要来我们家做客，她还会向我们展示她奢华的首饰。"下午，那位女士来了。她手臂上的金环不停闪烁着耀眼的光，手指上的戒指也熠熠生辉、闪闪发亮，脖子上挂一条炫目的金项链，周身飘散着柔和而高雅的气息。

弟弟感叹地对哥哥说："她看起来可真高贵，我可从来没有见过这么有气质的女人。"哥哥说："是的，我也这样觉得!"他们羡慕地看着这位高贵的来宾，又不禁将目光投向自己的母亲。母亲只穿了一件朴素的外套，身上没有任何亮眼的饰品。她金棕色的头发编成了一条长长的辫子，那温婉的笑容却照亮了她的脸庞，远胜任何宝石的光芒。

"你们想看我其他的珠宝吗?"富有的女人问。只见她打开盒子，里面堆满了碧绿的翡翠和耀眼的钻石。兄弟俩呆呆地看着，不禁暗自哀叹："要是我们的母亲也能够拥有这些该多好呀!"那位女士炫耀完自己的珠宝之后，自满而又怜悯地说："告诉我，你真的这么穷吗?什么珠宝都没有?"母亲坦然地笑道："当然有，而且我的珠宝比你的贵重得多。"客人睁大了眼睛："是吗?快拿出来让我看看吧!"

母亲把两个孩子拉到自己的身边，微笑着说："他们就是我的珠宝。难道他们不比你的珠宝更贵重吗?"孩子们大概这一辈子都不会忘记母亲脸上幸福的表情以及浓浓的爱意。数年后，他们都小有成就，成为国内著名的政治家，但当年那温馨的一幕仍历历在目。

很多人，也许一辈子都无法达到物质上的富足，但他们的精神世界却并不匮乏。拥有孩子们的爱和幸福的家庭，比名贵的首饰、奢华的生活更重要。

贫富的悬殊，往往会导致人们心态的失衡。贫困让很多人受尽煎熬，尝尽了世间的炎凉，于是，诸如"穷人的孩子早当家"这类的观念在早些年十分盛行，许多十七八岁的孩子早早地弃学，外出打工谋生，拮据的生活让他们不堪负累，早早地背上了生活的重担。有的人一出生，就享受着富贵的生活，就拥有自己想要的东西。对于出生在贫穷家庭的孩子而言，读书似乎成了他们唯一的出路。

事实上，抛开家室背景，如果两个人处于同一起跑线，那左右人贫富的，可就不再是命运了。决定人一生的，不是运气，也不是偶然的机遇，而是选择，一种关于人生幸福的选择。坚持地追求属于自己的东西，人生才能看到曙光，看到希望。

黄昏时分，老吴在天桥上散步，这时，他看见一个小伙子正吃力地背着一位姑娘上桥，额头上渗着汗珠。老吴连忙跑过去搀扶，还关切地问道："她生病了吧？我去帮你们叫辆车吧！"上了天桥，姑娘突然从小伙子的背上跳下来，一个劲地大笑起来。小伙子忙向老吴道歉："对不起，谢谢您，我们只是在玩，让您担心了。”“什么?”听到小伙子这么说，老吴不觉心里“咯噔”一下，脸色有些难看。

过了一会，姑娘微笑着说：“今天是我们结婚一周年的纪念日，刚工作不久，也没什么钱，我不要他买什么礼物，只要他背我上天桥，他有力气嘛!”说着，姑娘趴在小伙子的肩上又放声笑了起来。

老吴有些惊叹，他脑海中的浪漫，一定是由鲜花和烛光晚餐组成的，却不知道世上还有这样一种别致的浪漫，竟让他感动不已。

活得富贵，并不一定活得幸福。物质的贫瘠并不可怕，可怕的是面对贫瘠时的麻木与绝望。在物质至上的今天，每个人都应该透彻地认清自己，认清现状，知道自己真正拥有，需要什么，参透了贫与富的真谛，才能在思想的土壤上开出一朵卓然之花，芳菲一生。

6. 耐得住寂寞，更要禁得住诱惑

人生是一个自我修行、自我完善的过程，只有明确自己的方向，发现生存的价值，永不放弃希望与努力，才能真正耐得住寂寞，经得起诱惑。

生活中，很多人不甘寂寞，抵不住诱惑，动辄怨气难平，心怀不满，就像一个被宠坏的孩子，遇着谁，就向谁撒气。一味地向生活索取，担心失去，却从不甘心付出，这样的人到最后往往摆脱不了诱惑的牢笼，守不住精神的底线，跌倒在不幸的深渊里。若一个人怀着一颗淡定从容的心去面对生活，真正意义上的寂寞也就不复存在了。

有一位年轻的画家，内心十分孤独。因为除了理想，他一无所有。为了能得到名家的认可，他毅然地离开家乡，四处流浪。起初他到一家报社应聘美术编辑，因为那里良好的创作氛围正是他所需要的。但是，主编看了他的作品后，认为缺乏新意，所以没有录用。他第一次尝到了失败的滋味。

无奈之下，他只好到附近的教堂免费作画。由于收入微薄，没有钱租画室，他便借用了一家废弃的车库。夜深人静时，疲倦的他在昏黄的灯光下，流下了孤独的泪水，他是多么想念家中的父母和弟弟！这时，一只调皮的小老鼠，从他身边溜了过去。它在脏乱的地板上做各种新奇的动作，表演杂技。他看得开心，就奖给小老鼠一点面包。渐渐地，他们互相信任，竟建立了不错的关系。

不久，年轻的画家被介绍到好莱坞去制作一部以动物为主的卡通片。这是一次千载难逢的机会，可他又一次失败了。在寂寞的夜晚，潦倒不堪的他又要和小老鼠为伴了，他苦苦思索自己的出路，甚至开始怀疑自己的创造天赋。就在这时，灵感突然像闪电一样划过了他的脑海，他迅速画出了那只老鼠的轮廓。

很快，一家大公司出大价钱买他的这幅卡通画，他果断地回绝了。两年后，他将这一卡通形象设计成了动画片的主人公，就这样，迪士尼影史上最成功的卡通形象诞生了，它就是米老鼠。

生活中，寂寞往往成了很多人逃避人生的借口，殊不知，有多少美妙的灵感、智慧的火花是在寂寞中诞生的。它往往出现于某一个闪亮的瞬间，抓住它，人生或许就已经成功了大半。寂寞与诱惑，常常是人生的两道难关，耐得住寂寞，才不至于被诱惑俘虏。人生很多时候，需要的是一种专注，一种锲而不舍、孜孜不倦的探索，一味地左顾右盼、游离不定，只会偏离人生的轨道，与成功从此绝缘。

有人说，与寂寞为伴是痛苦的，但寂寞并不是一首悲歌，需要从头唱到尾。台湾一位学者曾说，当下的年轻人，一定先学会忍受寂寞，抵住诱惑，要先试着过一段“潜水”的生活，暂时地隐形，在人生的海洋中找到自己的目标，然后再积蓄能量，成功地“浮出水面”。人生也只有在迂回曲折的追求中，才能尝到真正的甜味。

人就像一个袋子，一旦塞满了名利和欲望，精神和美德势必要丢掉，因为它可容纳的空间是有限的。有了钱，固然可以办很多事，但有了钱，人不一定幸福。人有善恶之分，一个心灵富足的人，可以驾驭名利，帮别人创造幸福；而一个精神空虚的人，往往会被名利所驾驭，沦为物质的走卒。其实，在人生的道路上，需要放下的远不止金钱与名利，人在旅途，有些事情不必在乎，放下过重的包袱，才能在人生的路途上更上一层楼。

当前社会的发展速度之快，令人咋舌，很多人变得浮躁、急于求成，很多人烦恼丛生、疲惫不堪。人只有不断修炼自己的心性，冷静地着眼于当下，才能觅得更多成功的机会。与很多成功者相比，一些胸无大志的人，往往是耐不住寂寞、挡不住诱惑的，他们极容易会被外面的花花世界所扰，最后在动摇与徘徊之中浪费了大好的光阴，最终一事无成。

每一份成功，都是由无数个扎实的细节拼成的。既然胸怀大志，就不要拘于小节，孤独寂寞算得了什么？踏踏实实走好每一步，在浮躁的环境之中真正静下心来，才有可能获得惊人的成就。当你穿过黑暗与苦难的隧道、行至宽广的希望之途时，你或许会惊讶地发现，原本平凡渺小的自己，早已是一颗璀璨耀眼的珍珠了！

将寂寞看作寂寞，寂寞就会加倍，寂寞久了，就成了多愁善感，久而久之，人生的信心也将失去。面对喧嚣的尘世，一定要甘于平淡，抛开一切世俗的诱惑，才能收获幸福，收获丰盈的人生。

7. 迷途知返内心才安静

人生这条路，说长不长，说短不短，关键看如何走，分几步走。有段路，走错了还可以回过头再走；有段路，一步错，步步错，从此万劫不复。

累了，可以停下来歇歇，养精蓄锐之后再出发。即便是犯了错，闯了祸，及时发现，尽早纠正，还有得救；倘若独自在错误的大道上一路狂奔，根本听不进别人的任何劝告，那说明这个人已无药可救，因为除了他自己，没有人能扼住他狂飙的内心。

很多成功者，就是不断在错误与正确的循环中登上了人生的高峰，犯了错及时改正，就可以避免犯下更大的错误。人生，最忌讳两次陷入同一条河流，同样的错误一犯再犯。有些人盲目自大，丝毫不顾及别人的感受，只看远方不看脚下，徒劳大半辈子，一无所获。

对于很多年轻的上班一族而言，上学就像开宝马，工作反倒像骑脚踏车，以前在父母的庇护下，不愁吃，不愁穿，既没有复杂的人际关系，也没有太多的尔虞我诈。现在一切都变了，太多的辛酸苦楚、人情冷暖，几乎将他们美好的憧憬击得粉碎。然而，尽管社会生活是如此的一波三折，还是有很多人在正确的道路上坚持了下来，并最终取得了成功。

人生就是这样，除了死亡无法改变，很多事、很多路都是可以从头再来的。沿途上美丽的风景，可以欣赏，但一定不要亲手触摸，不要过于留恋不属于你的东西，它会拖长会通往成功的时间，减少你抓取机会的概率。

很多人之所以跌倒了，再也没爬起来，最主要的原因是不晓得错在哪里，不晓得如何纠正。如果人们在做每一件事之前，都有意识地从最坏的角度出发，防患于未然，可能结果的惨痛程度至少会降低一半。

有一个小伙子，自小在优越的家庭环境下长大，娇生惯养，要什么买什么，小时候打架，高中时砸了别人的车，被关进了拘留所。父母感情不和，年幼的他为了报复父母，竟然在家中的饮水机里下了药。为了儿子，母亲果断地和丈夫离了婚。儿子入狱的那天，母亲在他厚厚的背囊里塞了一本《弟子规》，半年后，儿子竟然脱胎换骨，获得了重生。是母亲的不离不弃，是母亲的良苦用心，触动了迷途少年的内心，从而改过自新，再度迎来了人生的希望。

人生道路上，谁都会犯错误，犯错并不可怕，可怕的是犯了错不承认，不悔改，一错到底。小伙子是幸运的，他有个伟大的母亲，在最危难的时候救助了他，帮助他走回了正途。

人生的路，没有一帆风顺的坦途。有些错误，往往是正确的先导，即使在探索的过程中付出了代价，也是值得的、有借鉴意义的。成功者之所以成功，不是他不犯错误，而是他善于吸取错误的教训，不会犯以前犯过的错误。

人这一辈子，想一直行善举、做好事是很难的，反过来，要堕落，却是一瞬间的事。有些年轻人不务正业，拉帮结派，没有正确的人生观，要学坏，简单多了。这个社会上，只有靠自己辛勤的劳动得来的，才是合法的、正当的，整天想着天上掉馅饼，迟早要出事。

人生险恶，诱惑太多，要想及时回头，并不容易。人生，简单两个字，很多人却一辈子都参不透。也许，真要等到生命终结的那一时，才能揭晓真正的答案。有些人活了大半辈子，却并不快乐，心中的责任和苦痛，像两座无形的大山，压得气都喘不过来。因为太多的牵绊，很多人睡不着、吃不下，坐卧不宁，泪水无数次模糊双眼。为了得到喜欢的东西，费尽心机，不到黄河心不死，万不得已走向了极端。即便侥幸获得了一些名利，但在追逐的过程中，付出的代价，同样沉重得不可估量。

很多人的理想一旦确定下来，往往不再更改，即便一路马不停蹄地追逐下去，也终究实现不了。其实，在给自己的人生定位时，一定要考虑到未来可能会遇到的困难，理想因现实的变化而变化，苦苦坚持的东西，不一定是最好的。如若不然，盲目地坚持下去，不但不能实现理想，反倒会虚度光阴。人生，毕竟不是快马加鞭的赶路，也不是一劳永逸的投机，盲目地拼命，只会耗失心力，使你步履维艰，甚至止步不前。只有在停与走之间，冷静思考、从容应对，才能取得令人欣喜的结果。

想要减少错误，纠正错误，先得用辩证的眼光来看待错误，不必惧怕，也不必畏首畏尾，将曾经犯下的错误看作是一种遗失的美好。每个人的一生当中，弯路都不会少走。承认自己在这个社会上的存在价值，在成长的过程中不断思考，经历了风险，熬过了黑夜，才能领略到生活另一番光鲜的风采。

这个世界上，没有两片完全相同的树叶，也没有两条完全相同的路、两个完全相同的人。淋漓尽致地演绎人生的精彩吧！迷途知返，只要时间还有，人生的遗憾就可追回。

8. 命，是失败者的借口；运，是成功者的谦辞

“人生的风景，就像大海的潮涌；有时猛，有时平，亲爱朋友你要小心。人生的环境，乞食嘛也有出头天，莫怨天，莫尤人，命顺命歹也是一生。”这是一首传唱于台湾街头的民谣，人生总有太多的无奈，不是我们命运不好，而是我们往往游离于成功的大门之外，却不敢越雷池半步。我们可以相信命运，但决不能认同命运。对于失败者而言，人生最大的借口，也许就是捉摸不定的命运。

许多人做任何事，总喜欢先找借口，表面上名正言顺，实质上自欺欺人。在他们看来，命运这玩意儿，在遇到挫折的时候，像祭品一样端出来，再好不过了。他们可以以此为“保护伞”，给他们受伤的心灵以最好的慰藉。一千个伤心的理由，一万个推脱的借口，换来的是什么？是阳奉阴违的附和，还是喜出望外的微笑？统统不是。任何时候都以命运为幌子，换来的只能是持久的痛苦和人生的残缺！

生活就像一池湖水，总有一些小鱼小虾要暧昧地闯进你

的世界，他们也许有着这样那样的目的——或给你一个教训，或帮助你认清自己。你可能还没有看清他的脸，他已经消失不见。他可能是你的舍友、邻居，也可能是你儿时的玩伴、久违的朋友，甚至是一个完全陌生的人、一个与你擦肩而过的路人。当你与他们无意间邂逅时，他们可能已经以某种“非命运”的方式改变了你的生活。

纵然有时候一些不好的事情发生了，也许这一切对你而言是那么痛苦而不公。但不要哀叹命运，细想一下你就会明白，如果不去努力克服这些难题，它可能一辈子都挡在你的面前，让你变得懦弱、胆小，你永远也不会知道自己的潜能有多大。也许它只是一层薄薄的窗户纸，你只要轻轻一戳便可了事，可你就是不愿向前迈一步，所以你又一次失败了。

任何事情的发生都是有原因的，没有哪件事是因为某种厄运导致的。你遇到的那些影响你生活的人和你所经历的成败，都会让你进一步了解自己，摆正自己的位置。即使是不好的经历，也能让你从中得到教训。如果有人背叛了你、让你感到心碎，大方地原谅他们吧，因为他们使你懂得了什么是爱，什么是恨，什么是信任，也让你明白了对他人保持警惕性的重要性。

这个世界上，没有人一生下来就是白领、博士、贵族、精英，很多人事业上的成功，并不是信奉命运、“烧香拜佛”得来的，他们从骨子里就不相信所谓的命运，而只相信自我的奋斗。刘冬可绝对不是什么命运的宠儿，然而，勤能补拙，他用他的努力，弥补了后天的教育缺失，也成就了自己的一生。

借口是一种赤裸裸的自我欺骗，它能够压缩你心里的不屑与放纵。一些人畏惧失败，经不起挫折，从而选择逃避，逃避本应当去面对的现实。在一些不善于约束自己的学生那里，借口往往成为他们的最佳武器。规定的时间内完成不了指定的学习任务，老是安慰自己“一切都来得及，时间还多的是”。这样一天一天耗过去了，日积月累，大好的青春也都白白浪费了。

西班牙著名的舞蹈家卡拉佐年轻的时候，视力严重有问题，几乎到了瞎的程度。经过家人的劝说，她接受了手术，可结果仍旧不理想。那时的她心急如焚，哪能在医院待得住啊，她心想：如果自己一年不练，再想跳好芭蕾，简直就是不可能的事。

后来，原本事业如日中天的丈夫也辞了工作，陪伴在她身边。她每天用丈夫的手指替代脚尖，在自己的胳膊上表演芭蕾剧。一年下来，虽然不曾真正跳过舞，但她内心的那份感觉却一直都在。功夫不负有心人，很快她重新登上舞台，凭着精湛的舞技，获得了无数的鲜花和掌声，也受到业内人士的好评。几年之后，这位著名的古典芭蕾舞演员摘取了西班牙巴勃罗艺术大奖。

每当记者好奇地追问“为什么视力不佳还能取得如此佳绩”时，卡拉佐总是淡然地说：“不给自己任何借口。翩翩起舞，也就一路走到了今天。”是啊，当你没有完成任务或是做错事时，抱怨命运是没有用的。已经盖棺定论了的事实，何必再去计较呢？所以，不论遇到什么挫折和失败，千万不要花大量的时间和精力去找一些模棱两可的借口。许多人就是在为自己寻找借口的同时，放弃了斩获成功的机会。

怯懦的人永远能够为失败找出适当的理由，只有勇敢者才能重新起步。

不以命运为借口，只为成功找办法。借口永远是人前进道路上的“拦路虎”“绊脚石”。在工作中，应该永远保持激情、保持自律。静心地做好每一件事，实事求是，方可最大限度地避免和减少失误，酣畅地赢来一场人生的胜利。

第七章

每一次磨难，都是一种人生收获

很多人惧怕磨难，其实，磨难是每个人人生道路上一个很好的伙伴。表面上看，充满磨难的日子是不幸的、悲哀的，可实质上，艰辛的过程，往往酝酿着美妙的结局。很多人挖空心思想从困境中解脱出来，却不愿意在困苦中殊死一搏。殊不知，人生，只有跨越了磨难，才能真正地超越自我。

1. 世上没有绝望的处境，只有对处境绝望的人

人生，总有因处境而绝望的时候，在现实的旋涡面前，有些人残忍地终结了自己，试问：为什么他们会那么脆弱，那般不堪一击？由心理的崩溃到身体的灭亡，对我们而言，可不是平静的一小步，而是生命的结束。

这个世上，从没有越不过的高山，只有面对高山心生畏惧的人。

哲学家苏格拉底曾说过：谁也不知道生比死哪个更好。人这一辈子，如果总是背着重担上路，该是多么的不幸！很多的理想主义者，往往难以接受现实的残酷。当现实的冰冷与内心的美好形成强烈的反差时，绝望便不请自来了。每个人的心底，都有一座总难以翻越的高山，如果受挫成了家常便饭，人很可能一蹶不振、再难翻身。失去了对生命的渴求、向往和期盼，人生想不昏暗都难。

如果因为害怕失败而逃避现实，那么成功将永远与你无缘。

每个人都应该思索：生命之花要如何才能淋漓尽致地绽放？人，就像树，只有将根深深地扎进土里，才能自在地追求人生的美丽；人，又如舟，内在的动力十足，才能坚定地向理想的彼岸进发。

曾经有一位哲人说过：人生，就是一条由失望和希望串联起来的项链。青春是放肆的，叛逆的，拥抱一片湛蓝的晴空，才能走出困境，步入一片崭新的天地。

绝望与希望，就是一对孪生兄弟，它们的距离，往往只隔一线。越在乎、越执迷，就越是难以自拔。一个被希望宠坏的人，一点一滴的希望都能够让他心花怒放；而一个被绝望浸透的人，一片乌云就足以遮蔽他幽暗的内心。

两种不同的心态，会酿出两种不同的结果。每个人都应该在希望之路上不断摸索，放下那些无谓的失望和悲观，勇敢地接受现实的洗礼。

世上没有绝望的处境，只有对处境绝望的人。在失望时萌生希望，就会驱散心中的浓雾，摆脱绝望的阴影。

生活不是一座呆板的雕塑，而是一幅美的图画。面对挫折和困境，不要悲观，不要绝望，也许失望之后就是希望。

不要为现状而忧愁，更不要对明天感到绝望。田野里的百合，不哀伤不悲观，照样开花，照样生长。保留“天生我才必有用”的信念，保持“众人皆醉我独醒”的心态，笑对人生，尽兴生活，在希望中成长，在追求中成熟，光明就在脚下，幸福就在前方。

2. 跌倒了，请爬起来再哭

人生，总会经历诸多的挫折，有些来不及躲闪，有些不可避免。生活，不可能一帆风顺，事事顺心。但请记住，每个人都是被上帝咬过一口的苹果，因为上帝特别喜欢它的芬芳。跌倒了没关系，先爬起来，然后再哭。

人生就是这样，不晓得前路的艰辛，免不了要栽跟头；跌倒了，可以哭，但不可以放弃，人不能失去希望，也不可输掉自信和尊严。一次失败，一次挫折，并没有什么了不起。红梅历过严寒的洗礼后，才迎来了傲人的开放；雄鹰在经历无数次撞击悬崖的壮烈后，才能展翅翱翔；人生的风景之所以美丽，就因为那一抹风雨之后的彩虹，它激励着我们，在人生的跑道上不断冲刺、不断向前。

生日那天，小刘下了班就和几个同事去喝酒。天色已晚，或许是喝得多了，脚下有些不稳，下台阶时摔了一跤，整个人栽出去一两米。他忍着疼痛，一路坚持着回到了家中。看到小刘的腿，年老的父亲不觉有些担心。由于伤到了骨头，小刘已经半个月不能下床。

父亲将大夫请到了家中，为小刘的腿做一番细致的检查。很快，大夫的神色就严肃了起来，他告诉小刘的父亲：

“您的孩子一直都患有严重的血管疾病，加上这次的骨裂，已经导致肢体缺血坏死，如果不锯掉这条腿，不光高烧很难退下去，连性命也会受到威胁。”当父亲把大夫的建议告诉小刘时，他尖声地大叫着：“不！如果失去一条腿的话，我还不如去死！”大夫告诉父亲必须早作决定，否则孩子就会有生命危险。

小刘怎么都不肯让大夫锯掉他的腿，他双手紧紧地拽住父亲，一次又一次地叫嚷着：“您一定要保护我，别让他们锯我的腿，爸，您一定要保护我！”父亲拍着儿子的肩膀，温和地说：“儿子，你还有另一条腿！坚强一些，你还有我。”手术进展顺利，凌晨两点，小刘从昏迷中清醒过来，红肿也消了下去。几周过后，在父亲的陪同下，小刘装了假肢，再一次站了起来。

人不能被厄运击倒，跌倒了不害怕、不畏惧，勇敢地站起来，调整好脚步，再坚定地走下去。因为年少，所以轻狂，因为一颗不羁的心，所以一往无前。人生之路，荆棘满布，不退缩，也不可冒进。可是话又说回来，常在河边走，哪有不湿鞋？偶尔在泥泞的路上跌倒，并不是懦弱的表现，与其垂头懊丧，不如一笑而过。若是想哭，也要爬起来再哭。

世上没有免费的午餐，要想轻松地走完人生，几乎不可能。人们往往需要付出更多的汗水，更多的艰辛，才能收获一份幸福，一份快乐。在奋斗的路上，有些人很快败下阵来，不过是少了一分勇气和一些永不服输的意念。因为丰厚的收入在他们的眼中，似乎成了唯一的目标和动力，一旦这份希望成了奢望，对于明天的盼望化作泡影，所有披星戴月的劳累，都将不复存在。

很多时候，梦想并非遥不可及，只有将它牢牢地握在手中，心里方才觉得踏实。人不能永远在灰暗的河里行走，也不能将一时的阻碍当作一辈子也无法逾越的鸿沟。

也许对于一个日薄西山的老者而言，人生精彩也好，黯淡也罢，都已成为过去。可是在大多数人的眼中，人生之花正开得绚烂，开得精彩。失败并不可怕，活出自己的尊严才最重要。可能与鲜花和掌声相比，失败和挫折更令人难以接受，但一路跋涉的坎坷，往往能为我们的人生增添新的精彩。身处逆境，与其在消极等待中放弃机会，不如从头来过，勇敢地接受考验，这样才能接近成功。

错误不是拿来纠结的，而是用来纠正的。在哪里跌倒，就在哪里爬起来。一分耕耘，才能有一分收获。如果甘于现状，不对人生作任何改变，很可能一辈子都甩不掉贫穷的包袱。如果自己创造条件去奋斗，说不定还能改变命运。人不能无所事事地终老一生，试着将自己的梦想和现实有机地串联起来，这样内心才不会太过压抑，生活才会乐得自在。

跌倒了，爬起来再哭，伤心会少一点，痛苦也会少一点。犯了错，栽了跟头，并不重要，重要的是接下来的路该怎么走，是否能正视错误，发现自己的不足。只有看清脚下的陷阱，正确地评估自己，才能迷途知返，重新走上人生的坦途。

有的人跌倒了，明明能爬起来，却赖着不走；有的人跌到了，放声大哭，就是不肯挪步。人生像一张网，无数个错误才结成了一个完美的体系。

3. 抱怨解决不了任何问题，只会让你心更乱

人生总有太多的无奈，不是我们命运不好，而是我们游离于成功的大门之外，却不敢向前迈出半步。有些人畏惧失败，经不起挫折，面对困难，就知道嘴上说，却从不愿付诸实践。与其悲观地抱怨，不如积极地寻求改变。对于失败者而言，人生最大的借口，也许就是捉摸不定的命运。

很多人，遇事总喜欢抱怨，一千个伤心的理由，一万个推脱的借口，表面名正言顺，实质自欺欺人。

纵然一些不好的事情发生了，也不要哀叹命运。如果不去努力克服，它可能一辈子都挡在你的面前，让你变得懦弱、胆小，永远也不会知道自己的潜能有多大。

人生的不幸，让我们感受到了生命的严峻和残酷。可反过来，一帆风顺的人生就像一杯白开水，又有什么滋味可言呢？生活中，每个人的能力有大有小，生活的环境优劣不等，然而决定一个人人生高度的，并不是这些先天的因素，而是后天的修习和努力。很多渴望成功的人，一次次跌倒，又一次次站起来，为了改变自身的命运，一辈子都在与苦难

的现实相抗争。这就是生活，永远都不能放弃自我，放弃了自我，人就彻底失去了生存的意义。

表面上看，充满磨难的日子是不幸的、悲哀的，它让一些人意志消沉、萎靡不振，也让许多人丧失信心、身心俱疲，但不得不说，它是对一个人最好的考验。懦弱的人将磨难看成洪水猛兽，处处逃避，处处抱怨，到最后一无所有；坚强的人，一次次奋起，一次次尝试改变，又一次次地超越了自我。

抱怨，是一种赤裸裸的自我逃避，一些人畏惧失败，经不起挫折，从而选择逃避，逃避本应当去面对的现实。在一些不善于约束自己的学生那里，借口往往成为他们的最佳武器。

有一位哲人，在岸边思考人生。有人告诉他，一艘船遇了难，船上的水手和乘客全部淹死了。他心中愤愤不平，抱怨上天："真是不公平啊，这艘船上只有一个有罪之人，可为什么要让全船无辜的人都死去呢？"正当哲人陷入沉思时，竟被一大群蚂蚁给围住了。原来他不知不觉，竟走入了蚂蚁窝边。有一只蚂蚁爬到他脚上，咬了他一口。他立刻用脚将它们全踩死了。这时，神出来了，用棍子敲打着哲人，冷漠地说："你有什么资格抱怨？你自己不是也和老天一样，滥杀了无辜的生命吗？"哲人听后，惭愧不已，从此一心只读书，再不抱怨世事。

人不能总是抱怨生活，一件事，错了就错了，没什么可狡辩的，已经盖棺定论了的事实，何必再去计较呢？所以，不论遇到什么挫折和失败，千万不要花大量的时间和精力去找一些模棱两可的借口。

许多人就是在为自己寻找借口的同时，放弃了斩获成功的机会。远离抱怨的世界，正视自己，为自己准确地定位，才能演绎好自己的角色。远离抱怨，改变自我，发现全新的自己。你会看到每天都充满笑容的自己，从而明白抱怨之外的世界更美好。远离抱怨，接受现实，你会看到曾经忽视的风景，家人、朋友、社会，原来一切都是美好的，只因自己被抱怨的迷雾遮住了双眼。远离抱怨，学会感恩，才会感受到爱的涌动，温暖的气息遍布周围的世界，从而收获一道世间最美的风景。

任何事情的发生都是有原因的，没有一件事是因为某种厄运导致的。那些影响生活的人，那些经历的成败，都给了我们一个重新面对自己的机会，摆正自己的位置，试着去改变，即使是不好的经历，也能让我们从中得到教训。与其毫无意义地成天抱怨，还不如把时间放在有意义的事情上，激发出自己最大的能量，才能收获耕耘的快乐。

4. 悲观是自酿的苦酒

如果一个人都快被苦难的生活浸透了，他还有权利继续悲伤吗？所谓的“悲从中来”，不过是自酿的苦酒而已。人要学会在困难面前微笑，这样才不会被挫折打倒，这样才能真正告别悲哀与伤感，迎来生活的一米阳光。

一样的人生，一样的酸甜苦辣，却有着不一样的感受，不一样的结局。每个人的思想境界不同，看待问题的角度自然也不相同。

悲观者日日痛饮苦艾，乐观者则时时口中含蜜。同样的半杯水，在悲观者看来，很快就将成为一个空杯；而在乐观者眼中，可能下一秒就要满而溢了。面对同一种事物，前者透露出的是一种极大的悲观和茫然，后者却积极而满怀希望。

很多人之所以对人生感到悲观，往往是受到了现实的蒙蔽。现实生活中，人们所感觉的苦累与不安，不过是一种心境的表现，正所谓“境由心生”，一个连半杯水都斟不满的人，又怎么能承受人世间的悲欢离合呢？

悲观的人容易情绪低落，也容易对自己过早地否定，他们好像天生就带着某种不安的情愫，有着一些说不完的遗憾和悔恨。悲观者认为自己什么事都干不好，实际上，他们只是将这个世界悲观化、丑化了。他们对未来失去了信心，也对自己失去了耐心，长期的心理挫折让他们离成功越来越远，再也无法静心地呼吸生活的空气。

一家研究机构针对 500 名 60 岁以上的关节炎患者，展开了一项调查研究。结果显示：悲观的人对病痛的抱怨比其他人要多，在他们看来，自己的关节疼痛没办法再治愈了，所以对于一些身体的恢复性锻炼，往往消极应付，最后只有10余人在计划内完成治疗，身体恢复了健康。而那些乐观的病人则乐于尝试，积极地参与锻炼，大部分都提前结束了治疗，身体恢复情况也都良好。

在犹太人看来，悲观主义是一种奢侈的享受，他们决不允许自己将时间花在享受上。因为对自己的过去一概否定，认为自己一无是处，无谓地将自己的缺陷放大，除了浪费时间之外，还将机会拱手献给了别人。很多人因为考试落榜而一蹶不振，因为事业上的不顺而垂头丧气，因为无法适应社会而忧伤懊恼……他们对未来没有信心，做不好任何事，否定自己的能力和优势，到头来一事无成，连抹眼泪的资本都没了。

我们总是抱怨现状太糟，但事实上，人生最幸福的时刻就是现在，就是当下，因为大大小小的愿望，可以通过个人的努力来实现。当时间匆匆流逝，懊悔叹息都于事无补。所以，与其费心于无谓的悲观，还不如好好地珍惜现在，抓住眼前的幸福。

有人将悲观比作一个幽灵，其实这个幽灵不是别的什么，正是镜中的自己。有人将悲伤的眼泪当作对生活最好的安慰，不过是一种矫情的自我逃避、自我安慰罢了。这就像一场戏，假设我们自己就是戏中的主角，若一味地沉入不如意的忧愁中，那这出戏注定就是一场悲剧。既然悲观于事无补，何不用乐观的态度来对待人生，恒久地保持一种乐观的心态呢？

周国平说："悲观主义是一条人生的绝路，冥思苦想人生的虚无，想一辈子也还是那么一回事。"很少有人在事业如日中天的时候，暗自嗟叹，自觅不快。只有在失败者的口袋里，才能找到无数个悲观的包袱，在他们的眼中，世界如此灰暗，人生简直毫无乐趣可言，取而代之的只能是一腔悲观的论调。

生活中，一些悲观主义者总认为失败与悲伤是无限的，他们总是喜欢夸大自己的痛苦，将小事放大。上班迟到，担心老板会生气，自己会被炒鱿鱼，甚至老板还未张嘴，自己先主动提交了辞呈。在一些狭隘的小圈子里，部分存在悲观心理的人，往往会将消极甚至黯淡的情绪传染给别人，不仅自己活得不开心，还干预了别人的生活。

5. 在缺憾中彰显不屈的自我

前人为断臂的维纳斯而遗憾，后人却为它的美而惊叹，因为她展现出了人性最真实的自我。人生的遗憾，是一粒包裹着苦涩的糖，剥去了那苦涩的外壳，才能体会到个中的甘甜。某些时候，缺憾反而是完美的一部分，缺憾下，人才能呈现出最真的自我。

人生，不可能是完美无缺的。新颜换旧貌，繁花终落尽，这样的遗憾历历在目，这样的伤感在所难免。面对一时的失足，有人会悔恨；面对不幸的分离，有人会心痛。然而，缺憾并非一无是处，它也可以转化为另一种震撼人心的力量，实现另一种形式的伟大。

诗人顾城曾说："黑夜我给了黑色的眼睛。我却用它来寻找光明。"没有缺憾的人生，是单调而乏味的。在充满缺憾的旅途中里，人们反而可以尽情地感受美，感受生命的律动。

生活之树常青，希望之烛不熄，每天的日出都是美的，不一样的。缺憾，从某种意义上讲，正是完美的最后一块拼图。有了缺憾，才有了人生的酸甜苦辣；有了缺憾，才有了人生的不懈追求；有了缺憾，才有了独一无二的自我。

缺憾不是无能，不是软弱，而是一种超越常态的美。有时候，它来得那么悲壮，来得那么不易。人生犹如奔流的长河，或湍急，或平缓，总会有怅然若失的缺憾，有些东西注定了不属于我们，抱怨既然无益，又何必再苦苦纠缠呢？其实，在很多事与愿违的错过背后，往往掩藏着另一番不为人知的光景，打开心的锁，说不定会发现许多新的人生契机。

从缺憾中走出来，才能不让缺憾再度发生。很多东西，失去并不意味着梦的破灭。身心若是长久地陷于痛苦而不能自拔，迟早会被痛苦的烈火烧焦，对此，最好的办法就是把这种缺憾化作一种悲愤的动力，以此为基点，成就下一个梦想。

在一些失败者的眼中，缺憾就是成功的绊脚石，是雨后花蕊上的一滴污泥。其实不然，缺憾也可以让看似无望的追求成为可能。在我们的人生当中，缺憾是客观存在的，而且正是它，促使着我们不断地追求完美、接近完美。

身残志不残的张海迪，面对人生的苦痛，从未放弃自我，在顽强意志的支撑下，才取得了令人瞩目的成绩。也许，她们的身体是有缺憾的、脆弱的，而她们的心灵却是完美的、强大的。正视自我的缺憾，才能无限地接近完美；也正因为有了缺憾的存在，美才能展现得更加生动、更加完整。

昙花虽艳，却只绽放一时；牡丹虽贵，却华而不实。有些缺陷是上天赐给我们的，善待缺陷，善待自己。完美就像是高悬着的月亮，是多少人梦寐以求的心愿、理想的寄托，然而理想中的完美往往虚无缥缈，只有缺陷，才将人拉回到现实的真实。

奥斯特洛夫斯基16岁时，腹部与头部严重负伤，23岁双目失明，25岁瘫痪。面对命运的折磨，他从未退缩过。在病床上他读了大量的文学名著。

文学素养达到一定水平后，奥斯特洛夫斯基就开始尝试写小说。半年时间内，他向杂志社寄出的稿件超过两百多封，连一篇都没被采用。可他并未因此灰心丧气，而是忍受着病痛的折磨，默默地向认准的目标前行。1932年，他终于完成了《钢铁是怎样炼成的》一书。对此，他高兴地惊呼："生活的大门就要向我敞开了！"

果不其然，这部小说很快在俄国文坛引起了巨大的轰动，也让名不见经传的奥斯特洛夫斯基声名鹊起。然而，他并不想在安闲无聊中消磨自己有限的生命，一种强烈的历史责任感，使他难以放下手中新的战斗武器——笔。生命的最后五年，他并没有停下笔去休养，而是拼命加班，与死神争分夺秒。秘书们守在他的床头，妻子与助手们帮他打字，就在去世前的 7 个月里，他仍以惊人的毅力完成了长篇力作——《暴风雨所诞生的》的第一章。在给斯大林的信中，奥斯特洛夫斯基写道："我这一生都将献给社会主义的教育事业，直到最后一次心跳为止。"

泰戈尔说："当你为错过太阳而流泪时，你也将错过星星。"人的一生，往往伴随着不少缺憾。有些是先天的，我们想改变也改变不了；有些是后天的，失去了很可能再也找不回来。换一个角度看缺憾，也是一种美；换一种姿态呈现缺憾，也可以呈现出自我。只要不屈地往前走，错过此处的风景，没关系，还有下一处风景。

完美与缺憾，就像人生的红花与绿叶，两者缺一不可。缺憾，很多时候是生活的一种巧妙安排，往往只要迈出一小步，便可跨越过去。

6. 失败如一根绳，既可自缢，又可攀登

失败对于每个人来说，都是在所难免的。它就像一根绳，既可自缢，又可攀登。只是很多人只将它看作成功时的

阻碍，而忽略了它的助力作用。失败和成功往往是联系在一起的，很多时候，它恰好是另外一条通向成功的路径。

在漫长的人生之路上，不在失败中奋起，就在失败中灭亡。历经风吹雨打，在困境中勇敢前行，这才是生活的强者。能忍受一时的屈辱和磨难，饱受人间的酸、甜、苦、辣，才做得了生活的主人。失败是难免的，挫折也是难免的，若是遇到一点困难或打击便痛不欲生，意志消沉，生活将很难有大的起色。

很多人，一旦在前进的道路上受阻，就容易产生消极的情绪，内心沉沉地坠入黑暗。可是，在具有坚强意志、积极进取的人面前，任何的失败都是“纸老虎”，会让他们更好地经受锻炼，积累经验教训，鼓起勇气，再接再厉。这就是所谓的“艰难困苦，玉汝于成”。可见，遭遇失败与挫折不一定是一件坏事，关键是看以什么样的态度来对待它。

失败了，不气馁，看似简单，实则不易。战胜挫折，拒绝失败，首先要树立坚强的意志和高度的自信。勇敢和自信是成功的第一要素，是强大内心的基石。对于智者而言，失败与挫折，要比平淡无味的生活更能激发他们奋发向上的斗志和豪情。失败就像是人生路上的磨刀石，要始终坚持一种无畏的信念：没有爬不过的山、没有趟不过的河，没有战胜不了的困难和挫折。

有这样一个寓言故事：从前在一座深山里有一只狐狸，

因为它总觉得自己很聪明，没有哪个猎人能抓住它，所以尾巴总是翘起来。可是终于在一场大雪过后的一天，它被一个观察它很久的猎人抓住了。被关在笼子里的狐狸万万没有想到自己会有今天的这种困境，它左思右想，自己每天都小心翼翼，怎么能被一个不算聪明的猎人给抓住呢？这时，一阵风吹来，它感觉到自己卷起来的尾巴有动感了。于是，狐狸恍然大悟，原来是自己卷起来的尾巴，失去了它本有的功能。猎人是循着自己留在雪地上的脚印寻到自己的，如果把尾巴放下来，拖在地上轻轻扫动，自己的脚印就被抹去了。于是，它与猎人打赌，如果放了它，三天内猎人肯定无法找到它。猎人放了狐狸，从此，再也没有找到狐狸的任何踪迹。

其实当我们被逆境所困时，抱怨是没有任何用处的，只会让你更加焦头烂额，失去方向。被困时，有所思才能有悟，有所悟才能有所改变，有所改变才能找到突破逆境的出口。

古人云：“宝剑锋从磨砺出，梅花香自苦寒来。”古之成大事者，不唯有超世之才，亦必有坚忍不拔之志。在失败和不幸面前，唯有与人生的逆境相抗争，发愤图强，才能赢得命运的青睐。做人，就应该正视现实，直面现实，把失败当作人生不可避免的一部分。将失败化作阳光，才能射穿乌云的禁锢，重现自信的人生。

俗话说：“玉不琢，不成器。”不经历失败，怎么能迎来成功呢？人只有经历了“山重水复疑无路”的困惑，才会有“病树前头万木春”的坦然。可以说，只有经受住考验的人生，才算是绚丽而多彩的人生。

自古逢秋悲寂寥，心理上的沮丧，怨天尤人，只会让自己从此沉沦下去。失败，就像一本厚重的天书，反复追问着人们的心灵，当一切的坎坷、挫折、不幸无情袭来时，我们只能在步履维艰中求生存，谋发展，沉着应对，而不是消极懈怠，坐以待毙。孔子曰：“小不忍，则乱大谋。”不甘心承受小的失败，就无法忍受更大的困境，在芸芸扰扰中脱颖而出。

很多人遭受失败后，情不能自已，再难心安，工作和生活自然受到了影响。而在智者看来，成功的大厦正是由一块又一块失败的砖累积起来的，遇到挫折时从容不迫，迎难而上，紧紧扼住命运的咽喉，才能真正成为生活的强者。

失败是成功的镜子，照出了自己的不足，也映衬出自己的优势。回顾过往，翻拣记忆，越过沟沟坎坎，才能走得坚定而平稳，步入人生的理想王国。如果每个人都把失败当作成功的前奏，那失败无疑就是一笔巨额的财富。

7. 黑暗不是你的人生色彩，你只是在经历黑暗

人的一生不可能永远一帆风顺。很多人不喜欢黑暗，可偏偏黑暗正是人生的一道门槛，跨过去，才能饱览壮美的风

光。黑暗不是人生的全部色彩，但没有黑暗，人生必将肤浅而苍白。

对人生而言，黑暗意味着很多，一个让人黯然神伤的漆黑巷口、一条斑驳的马路、一段不愿提及的痛苦记忆、一间塞满了挫折与磨难的黑屋子……人生本来是美好的，难道要因为一些片面的解释被丑化吗？毕竟人生的经历，美好的居多，人生的教诲，善意的居多，黑暗与磨难只是人生角落里的一堆破铜烂铁，除了告诫和警示，大可忽略它的存在。

黑暗，迫使人们去思索，去成长，去发现。经历过黑暗，人生才会卓越，生命才能不同凡响。对意志薄弱的人来说，黑暗简直就是灾难，但在意志坚强者看来，它正是黎明前的曙光，幸福生活的前兆。经历一次黑暗，就是经历一次考验，经受一次洗礼。黑暗，使人懂得了人生之艰辛、生活之不易，从而对每一分收获都倍加珍惜；黑暗，使人感受到了生活之繁复、人生之冗杂，从此学会自强、自立。

面对黑暗，每个人都需要勇气，唤醒内心最强大的那个自己。若是挫折与失败挡住了去路，我们能做的就是拨开云雾，砥砺自己的意志，越过人生的障碍，让生命在凄风苦雨的磨砺中更加从容、更加坚定。

欧洲有一家小情调的餐馆，它有一个意味深长的名字——

“黑暗滋味”。去过的人都知道，无论装潢、设计还是服务，都与其他的餐馆没有太大差别，唯一不同的是，这家餐馆正常营业时，无论早晨、正午还是傍晚，里面都是没有照明灯的，而且该店雇用的侍者，也大都是经过“特殊”培训的盲人。

在这家“黑暗滋味”餐馆的墙上，挂着一个泛黄的笔记本，上面记录着许多有趣的琐事：有一对年过六旬的夫妇，情感出现了裂痕，离婚前，他们决定到这里吃最后一顿饭。为了避免尴尬，这家“黑暗滋味”餐馆无疑成了最好的去处。用餐时，妻子不慎被打碎的酒瓶划破了手指。丈夫一边安慰她，一边疼惜地掏出手帕来，摸黑为妻子包扎了伤口。当两人一起走出餐馆时，妻子才发现丈夫的手指上也流了血，可能是急于给自己包扎，自己的手指也触在碎玻璃上了。两人相视一笑，重归于好。

一位巴黎的记者慕名而来，采访了这家餐馆的老板，在回答为什么要开办这家餐馆时，老板沉默了片刻，给出了一个令人赞叹的答案：“只有品尝过黑暗的人，才配真正地享受阳光。”

面对黑暗，不要心慌，只要保持乐观和坚韧，一切的痛苦都会成为过眼云烟。将黑暗当作某种养分，去滋润自己的美丽，去填补人生的七巧板，岂不是更加丰富而多彩？说到底，人生因黑暗而美丽，既是一种乐观豁达的人生态度，也是一种应对现实最妥善的选择。

如果说阳光带给人快乐，黑暗则带给人宁静的幸福。在黑暗中，人的思维往往不受时空的限制，因此分外活跃。在黑暗中，一切的想象都变得无比自由，可以千头万绪，也可以有条不紊，可以穿越时空，更可以崇高伟大。对于习惯了热闹的人而言，黑暗中的平凡低调，就显得是那么珍贵。

人生美丽与否，首先可看他储备的精神财富有多少，其中，黑暗中沉淀下来的部分，就显得分量十足。你的目光里有怎样一个世界，世界的眼中就有怎样一个你。许多事，或近或远，或远或近，往往不取决于环境，而取决于人的内心。事物本身没有悲乐之分，只是不同人感受事物的内心出现了差别。

真正用心感受生活的人，往往懂得调节自己，无论遇到多大的困难，都积极、理性地思考。世界的美与丑、生活的好与坏，有时候真的无关紧要，关键要看自己，是否能真正走出悲观的黑屋，静心地接纳生活。毕竟沙漠里也可以觅见星星，也可窥见一片生命的绿洲。

梅雨天气总是按期而至，不管时间长短、风雨几何，总有退去的那一天。阴霾与黑暗一旦过去，阳光必会重现。每一个渴望坚强的人，都应该像树一般，只有扎根于黑暗的泥土之中，才充分地吸收到养分。若不想做一个被动的人，就主动地接纳生活中的黑暗吧！拿出自己的智慧，化腐朽为神奇，让人生从而与众不同。

冬天来了，春天还会远吗？陷于困境时，只要坚定信念，心中有光，总会驱散黑暗，重见光明。走出人生的黑暗，人生才能迎来阳光明媚的春天。

8. 磨难往往是经过装扮的幸福

生活中，一个人如果不经历黑暗与磨难，往往难成大器。人生苦短、道路漫长，很多人根本看不到通向黎明的道路，他们无数次地质问：为什么总是摆脱不了苦难的纠缠？殊不知，正是这些磨难，使得人生充实而多彩。

人生的幸福往往不是享了多少福，而是受了多少苦。有些人总认为自己生活得不愉快，没有别人那般滋润，自认为是世上最不幸的人。殊不知在这大千世界上，每个人都在承受着各式各样的苦痛和磨难，人生若是少了这些，大概也就失去了真实的意义。

人生的挫折与磨难千姿百态，有的可以轻松克服，有的却只能绕过。生活中，人们必然会遇到何种各样的挫折与磨难。当下，人与人的交往越来越频繁，人际关系的变化，间接影响到很多人人生目标的确立。社交的复杂性，从某种程度上增大了人们处事的风险，一味消极地忍耐或回避，根本毫无意义，唯有积极寻求解决问题的办法，才能不断向成功的目标奋进。

一个十岁的小孩，在草地上捡到一个蛹，于是好奇地带回了家。过了几天，蛹上出现了一道细小的裂缝，一只蝴蝶挣扎了好长时间，一直出不来。看到蛹中的蝴蝶痛苦挣扎的样子，小孩心有不忍，拿起剪刀把蛹壳剪开，帮它脱蛹而出。可是，谁也不会料到，身躯臃肿的蝴蝶根本飞不起来，翅膀干瘪，很快就死了。

这就是生命，不经历风雨，怎能见彩虹？生存的欢乐，往往需要以承受痛苦和挫折为代价。这是对人的磨练，也是对一切生命的磨练。《孟子》曰："生于忧患，死于安乐。"人在成长和实现自我价值的过程中，经受适当的挫折是很有益的。只有经历过短暂的黑暗，接受过挫折和失败的洗礼，才能多一分成熟和坚韧，以更好的心理素质来直面人生的风雨。

每个人都应该勇敢地面对生活，面对一切的曲折坎坷。是磨难，教会我们失败后要永不气馁，从头再来；是磨难，教会我们严谨务实，一步步迈向人生的高点；是磨难，教会我们危难时沉着冷静，开拓属于自己的一片天空。

磨难是人生的一种不幸，它让我们感受到了生命的严峻和残酷。可反过来，很多渴望成功的人，一次次跌倒，又一次次站起来，为了改变自身的命运，一辈子都在与苦难的现实相抗争。这就是生活，永远都不能放弃自我，放弃了自我，人就彻底失去了生存的意义。

从前，有个善良的农夫，整天顶着日头，在田里忙活。可是地里的小麦先遭暴雨侵袭，后又被狂风吹倒，几乎没有什么生长能力了。农夫几乎陷入了绝望，就设了灶台，请了神明，祈求给他一个风调雨顺的丰收年。

神明应允，满足了农夫的请求。果然，那年的庄稼长势旺盛。农夫很高兴，向神明表达他的感激之情。这时，远处"哇"的一声，农夫一听，原来是妻子在田地里抱头痛哭。农夫大惊，跑到田里一看，惊出一身冷汗：剥开小麦的外壳时，里面竟空无一物！因为小麦在毫无外力干扰的情况下，完全失去了与外界抗争的能力，反而结不了果实。

于是，农夫与妻子只好又跪在地上祷告："神明啊！求你赐一些雨水和风吧，好让我的小麦长得更饱满些。"

酸甜苦辣俱全，才是完整的生活；阴晴雨雪皆有，才是生动的自然。阳光让小麦长出高大的茎秆，时间赋予了小麦金黄的麦叶，可只有经受住风雨，小麦才能坚强地生长，结出饱满的颗粒。

表面上看，充满磨难的日子是不幸的、悲哀的，它让一些人意志消沉、萎靡不振，也让许多人丧失信心、身心俱疲，但不得不说，磨难是对一个人最好的考验，将磨难看成洪水猛兽的人，处处逃避，到最后一无所有，将磨难视为亲密伙伴的人，则一次次奋起，一次次地超越了自我。

诗人余光中是这样解读人生的："像瓜而苦，被苦难引渡，其果而生。”很多时候，人生的结局是美妙而不可知的，很多人挖空心思想从困境中解脱出来，很多人却甘心在困苦中搏斗一番，不用说，最终的胜利者，自然是那些跨越磨难的人。

因为有了磨难，人生才显得更加充实，更有意义。有了勾践的卧薪尝胆，才有了“三千越甲可吞吴”的恢宏史诗。俗话说自古英雄多磨难，峰回路转的人生才精彩！

第八章

善待自己，累了就给自己减压

这个世界上，没有人能竭尽所能，拥有一切想要的东西。做人嘛，一定要善待自己，心若累了，就停下来歇歇，没有什么比眼前的风景更美的了。能改变什么，就去改变什么；改变不了的，也不必强求。珍惜所拥有的，才能活得快乐。

1. 生活累，一半源于生存，一半源于攀比

人生之所以累，一半源自生活的压力，一半则来自无谓的攀比。殊不知，与他人比是懦夫的行为，与自己比才是真正的英雄。把眼光放在自己身上，生活才会多一份快乐，多一份幸福。

生活中，很多人喜欢用自己的弱项对抗别人的强项，拿自己的缺点和别人的优点比。如此盲目攀比，结果自然可想而知。某种程度上讲，良性的竞争有利于激发个人奋斗的潜能，带给人向上的动力，促进双方的进步。然而，人与人的关系往往并不单一，有差别，就会有攀比，相对逊色的一方，自然心理不平衡。

很多人的人生之所以不幸，就是被太多纷繁的念头所扰，被太多沉重的欲望所惑。人啊，千万不要把大好的年华浪费在和别人攀比上，若是心底塞满了太多的包袱，就会被

生活压得缓不过来。做人，不必苛求什么，物质享受不是生活的全部，也不是生活最主要的部分，不过是锦上添花的一些点缀罢了。

人生，没有永远的强者，也没有绝对的弱者。就像自然界中的花草树木，各有其长，各有其短，一些四季常青的树没有花，一些娇嗔艳丽的花却不结果。人也一样，每个人都有自己的优势，要学会俯视，规避盲目的攀比，生活自然会安逸许多。

传说老子骑青牛过函谷关，遇见了一位老翁。老翁对老子说："听说先生博学多才，老朽愿讨教个明白。"老子听了，微然一笑，下了坐骑，在地上捡了一块砖头和一块石头。然后将砖头和石头放在老者面前说："如果只能择其一，您是要砖头还是石头?"

老者不屑地说："我当然选择砖头。"老子捋着胡须，笑着问老翁："为什么呢?"老者指着石头说："这石头没棱没角，取它何用?而砖头却用得着呢。"老子又招呼围观的众人问："大家要石头还是要砖头?"众人都纷纷说要砖而不取石。老子又回过头来问老者："是石头寿命长呢，还是砖头寿命长?"老者说："当然石头了。"

老子释然而笑说："石头寿命长人们却不择它，砖头寿命短，人们却择它，不过是有用和没用罢了。天地万物莫不如此。任何盲目的攀比与对立都没有意义。"老者听完后，幡然醒悟了。

与砖头相比，石头寿命更长，但人们不择它；砖头寿命短，用途多，人们自然选它。任何人、任何事物都有自身的价值。不可拿自己的长处与别人的短处比，应多了解自身的缺点与不足，客观地认知自我。

在一些人的视野里，通常会出现这样一幅图景：路人遇见挑担的，官人骑马咱骑驴，比上本不足，比下却有余。这实质是一种无奈的调侃，人活着难道就是为了跟别人比吗？人往往就是这样，很多烦恼都是自找的。正所谓世上本无事，庸人自扰之。每个人都有自己生存的空间，他不进来，你不出去，彼此相敬如宾，这就是老子的“小国寡民”思想，比之麻木不仁的现代人，这大概只能成为永恒的愿景了。

生活是繁复的，如果内在的承受力弱，就很容易被外在冗杂的事物侵蚀。在当今社会，生存似乎并不是一个人的全部，因为攀比就像一把利刃，深深地扎在现代人的心胸，它对人对己毫无好处，还击碎了人们心灵的纯真。

攀比的人内心永远是不满足的，极少有人在毫无原则可言的攀比中出人头地、占据上风，部分极端主义者无限度地追求名利、囤积财富，从此坠入了腐化堕落的深渊。这个世界上，没有人能竭尽所能，拥有一切想要的东西，只有多关切自己，多关切内心，人生才会有趣，才会鲜活。

每个人都能找到自己的闪光点，留心别人还不如多关注自己。很多女人，外出工作时光鲜靓丽、涂脂抹粉，一回到家就素面朝天、不修边幅，这时候，男人们就该抱怨了："果真老婆还是别人家的好。"此言差矣，人就是这样，城里的想出去，城外的想进来，可一旦踏出围墙半步，才恍然大悟，原来生命本质上并没有什么差别，一切的比较和攀附都是无益的。

每个人都应该学会欣赏自己，从心之所欲，才能活得自在。能改变什么，就去改变什么；改变不了的，不必强求。奋斗的路上，心若累了，就停下来歇歇，没有什么比眼前的风景更美的了。做一些能让自己心情愉快的事，不要为生存和攀比的烦恼所累。

静下心来，仔细品味已经拥有的一切，也许你会发现，这正是别人羡慕你的地方。若是每一份成功、每一份拥有，你都悉心接纳，想必幸福已在向你频频招手了。

2. 抱最大的希望，尽最大的努力，做最坏的打算

每个人的一生都需要做两个准备：最大的希望和最坏的打算，还需要做一件事：尽最大努力。可能对很多人而言，这比登天还难；但对少数人来说，始于足下，一步一花，竟也踏出了不平凡的人生。

现实生活中，那些走在时间前面的人，往往是最优秀的人。他们比常人做得更多，走得更远，甚至不图回报，不计一城一池的得失，所以他们的事业最终结出了累累硕果。

每个人在年少时，都会有这样那样的愿望，想要实现自己的远大目标，就离不开艰辛的劳动，脑力的、体力的，二者缺一不可。若不想一辈子走在悲伤的老路上，就不要让自己的希望和梦想过早地夭折。

川上之河，一旦停止流动，就会成为一汪死水。人生也是如此，有了高远的梦想，就有了奋斗的目标和动力，就不会再感到空虚、寂寞。幸福与享受是不成正比的，有所作为的人生，才是最值得津津乐道的人生。

有一句老话说得好："生于忧患，死于安乐。"环境越苦、磨难越多，越容易催发奋斗的意志，而相对安乐的环境，因为缺少了生存的压力，人就容易变得懈怠，久而久之，再大的梦想也会胎死腹中。

小宋是一家公司的保险推销员，他还是单位去年的销售冠军。在公司年会的讲话上，他将自己的成功归于一位行销训练师的培训。

去年三月份，一位从日本留学回国的训练师找到他，对他说："想象你此刻正站在即将拜访的客户的门外。"小宋有些茫然，只是一动不动地怵在那里。训练师说："请问，你现在在哪里?"小宋说："我正站在客户家的门外。"训练师："很好！那么，接下来，你想到哪里去呢？"小宋："我想进入这位客户的家中。"

训练师："当你进入客户家里之后，你想想看，最坏的情形是什么？"小宋有些困惑，但他还是调侃地说道："最坏的情形，大概是被客户赶出来吧。"训练师接着问："被赶出来后，你又会站在哪里呢？"小宋说："还是站在客户家的门外啊！"

训练师："很好，那不就是你现在所站的位置吗？最坏的结果，不过是回到原处。任何时候只要做好最坏的打算，同时尽自己最大的努力，还有什么可恐惧的呢？"从那以后，小宋像换了个人似的，遇事先从最坏的角度考虑，只要有百分之一的希望，他都会去做百分之百的努力。半年下来，不仅没损失什么，反而增加了不少经验，这就是小宋成功的真正秘诀。

对于工作而言，最好的奖赏就是用心地完成它。若是你对一份工作热情极高，就要不惜时间和精力去做，因为它会带给你极大的满足感。延长奋斗的时间，并不是磨洋工，而是专心致志、精益求精，只有这样，辛勤的努力才不会白费。

然而，梦想终归是一种美好的期盼，整天沉溺在梦的纯酿里，迟早是会醉的。很多人选择了远方，却反过来逃避失败。害怕失败，自然经不起失败，然而现实却是残酷的，这样的梦想和希望经不起时间的考验，注定是脆弱的、落寞的。人们，不光要抱最大的希望，还要作最坏的打算，付出最大的努力。

有了最坏的打算，事业上受挫了，就不会过于悲伤，因为这一切早在意料之中，必然会理性地面对。好好学习，努力工作，立志高远，努力奋斗，皆是为了人生的幸福快乐，烦恼、郁闷、哭泣皆可抛之脑后。若是事事都作最坏的打算，人生也就少了很多烦忧，无论成功或失败，都要怀抱一颗豁达的心，不要让梦想成为空谈，也不要被挫折压得爬不起来。

人生是不可预测的，前途更是未卜，我们有什么理由坐享其成呢？忧患意识较强的人，对可能会出现的危机更为敏感，他们会在心理及实际行为上有所准备，好应对一切突如其来的变化。凡事作最坏的打算，并不能彻底消灭问题，但可以把损失降到最低，为自己留得一条退路。

一蓑烟雨任平生，人生就是这样。尽最大的努力，作最坏的打算，即便结果不尽如人意，至少不会后悔。每一片叶子都有它独特的形状，每一朵花儿都有它独特的香味，在自己的人生路上，走得最稳，走到最好，就是最大的幸福。

3. 可以接受失败，但是不能接受未曾奋斗的自己

看着天，看着地，才会心怀远方；走过山，走过水，才能看透生命。人生可以接受失败，但不能接受未奋斗过的自

己。每一次的轻言放弃，都是人生的一次失败。唯有坚实的奋斗，才是通向彼岸的唯一疾舟。

很多人以为，失败就是人生对自己的刁难，若是这样想，可能一开始就输了。失败并不可怕，可怕的是从未走在奋斗的轨道上。人不能只想着不劳而获，懒惰的人永远摆脱不了贫困的命运。有梦想不去实践，就是纸上谈兵、无中生有的虚幻。

人生不是过给别人看的，个人的失败，只跟自己息息相关。别把别人的批评看得太重，凡事但求无愧于心，只要努力付出了，就不必再去计较。失败了，挥挥手，向不愉快的过去告别，只要信念不灭，奋斗的心还在，人生就有希望。

刘永好出生于四川一个贫苦家庭，年轻的时候，他连一双像样的鞋都没穿过。二十岁的时候，他最大的目标是能有一双新鞋和一辆自行车。起初，他的心愿就是进大厂子当一名工人，这辈子衣食无忧足矣。可是四年零九个月的知青生活，改变了这一切。锻炼了他的意志、心态和身体。这段经历使他在农村学到了很多东西，了解了农民，懂得了艰苦创业。此时，他的三个哥哥都学有所成，兄弟四个一合计，想趁着改革开放的大好形势，办一家电子工厂。可是，没人出钱，办厂的计划很快化作了泡影。

无奈之下，刘永好兄弟四个只好当了手表、自行车，还有一些值钱的家具，筹集了1000块钱，承包了土地，准备养鹌鹑。为了建厂房，刘永好从成都买回一拖拉机旧砖，由于道路不平，拖拉机进不了村，旧砖被卸到了两公里之外的土坳上。刘永好带头，几个农民兄弟帮忙，手抱肩扛，这才把一车砖给搬了回去。还有一回，刘永好骑自行车载着一筐鹌鹑蛋回家。一只凶恶的狗追了上来，车子一晃，人栽倒了，一大筐鹌鹑蛋全都摔碎了。他当时心疼得甚至落了泪，只是可惜那一筐碎掉的蛋。几年后，刘永好兄弟四人利用手上的资金开发了当地的猪饲料市场，就这样，希望集团诞生了，十多年来，始终是本土饲料企业的龙头。

花有重开日，人无再少年。人生没有多少事是可以从头来过的。有一天，当你蓦然回首时，若发现自己从来没有为一件事全身心付出过，那人生就太遗憾了。世上有万般失却，但有一种无奈却让人追悔莫及，那就是错过。许多人该奋斗的时候不奋斗，想奋斗的时候却已经来不及。纵有回天之力，也只能仰天叹息。

人生是短暂的，光阴是有限的。也许努力了，不一定会成功；但想成功，就必须努力付出。当生活不尽如人意时，不要一味地计较和埋怨，只有在属于自己的土壤上辛勤地耕耘，才能收获美好的明天。

世界上最快乐的事，就是为理想而奋斗，即使失败了也无所谓。一个人的理想越宏伟，那他奋斗的历程就越漫长。

人生的奋斗有很多种，不是只有趴在办公桌前一丝不苟地工作，才算真正的奋斗。

对于一个人而言，可以接受失败，但是不能接受未曾奋斗的自己。一个真正的强者，一定要敢于直面失败与挫折。只要怀有坚韧的意志，成功就不会太远。很多时候，只要努力，只要上进，生活就一定不会亏待你。也许，我们无法像海伦·凯勒、张海迪那样，在自己缺憾的人生里书写下辉煌的一页，但至少可以通过自己的奋斗，奏出属于自己的闪亮乐章。

正所谓生命不息，奋斗不止！人生就像一个括号，一侧曰生，一侧曰死，中间的空白全由自己填写。填了享受，生命就只剩下一副空虚的躯壳；若填了奋斗，则生命必将呈现出无限的可能。人生因为奋斗而充实，因为奋斗而精彩。从现在开始，为理想而努力，人生才会呈现出希望的色彩。

常言道：精诚所至，金石为开。怯懦的人最先否定自己，等到垂暮之年再去奋斗，恐怕早已没什么意义了。在人生这条美丽而曲折的长路上，任何人都不应满足于现实的平庸，青春需要奋斗，生命需要奋斗，奋斗了，人生之花才会绚烂地绽放。

4. 感觉累的时候，也许你正处于人生的上坡路

人生这条路，崎岖不平，走得久了，难免觉得累。但只要走得对，每跨出一步，都比站在原地更接近幸福。若是感到呼

吸局促、身心俱疲，不要恐慌，不要犹豫，因为你正处于人生的上坡路，只要坚持下去，终会攀上人生的另一高峰。

人生若是一路走来一马平川，毫无阻碍，试问：这样的人生又有什么意义呢？很多时候，正是因为我们放弃了奋斗和努力，才白白地错过了诸多机会。

一位农民扶着犁，顶着炎炎烈日，辛勤劳作了一个上午，这就是奋斗；一位中学生，不贪玩，不分心，专心致志地完成一天的功课，这是奋斗；小职员走南闯北，跑客户，搞业务，签下一笔大单，这也是奋斗。

在南部的一个小山村里，住着一户贫穷的人家。小磊是家里最小的孩子，虽然年龄小，但他和姐姐一样懂事，知道怎样可以为家人分忧。一天，小磊出去捡苜蓿菜，姐姐留在家里照看祖父。这一回，小磊捡回了很多的苜蓿菜，够家里人吃几顿了。怎料，就在饭刚刚吃到一半的时候，父亲和姐姐突然感到胃难受得厉害，由于野菜的毒性太大，又没能及时救治，二人很快就死去了。就这样，小磊和母亲二人只好相依为命。十四岁那年，城里有人来村里招工，小磊谎称自己已经十六岁，然后就去了城里。

到了城里，由于口袋里一分钱没有，小磊只好到工厂里的废品站做零工。当时，废品站的附近有一所中医学院，很多学生临近毕业，都会将他们的旧书卖到这里。六月份是最忙的时候，小磊整整拾掇了一车的医学书籍。因为年龄小，长得也白净，小磊经常混进学校，去旁听一些知名教授的公共课。每天晚上回来，其他人早就睡了，唯有小磊还在昏暗的灯光下投入地读书、做笔记。两年多后，他有了一点积蓄，和两个医学院的高才生联手，在城里开了一家诊所。此时，他家乡传来消息：母亲重病身亡了。刚刚对生活有了些许希望的小磊痛苦极了，他不晓得自己的遭遇为何这般坎坷。

正在小磊灰心丧气的时候，一位老家的朋友寄来了一封信，信上说："好兄弟，知道你孤身在外不容易，可村里的孩子，数你最聪明，相信你一定会成功的。如果感觉到累了，那说明你的人生正在走上坡路。"读着这几句话，想到自己苦痛的人生，小磊决心坚持下去。又过了些年，曾经口袋里几乎一无所有的小磊，已然成了城里有名的医生，并凭借着高超的医术，在当地赢得了极高的威望。

不管脚下的路有多坎坷，都该风雨兼程，坚持走下去。今天的一切努力，都是为明天积蓄力量。只有相信奇迹，奇迹才有可能发生。

现实生活中，许多人就是缺少义无反顾的勇气，面对高耸入云的高峰，纵是无限风光就在不远的前方，也还是望而却步。在理想与困难的平台上不断摇摆，最终只能是一事无成。

2012年，作家莫言一举斩获了诺贝尔文学奖。可是为了这一天，莫言整整付出了二十多年的努力。

莫言生于20世纪50年代，自幼家境贫寒，物质十分匮乏，家里的孩子无不像小猫小狗一样艰难地养活着。这些困苦的生活经历，后来却成了莫言小说创作中最浓墨重彩的一笔。然而苦难的人生还在与他作对。小学没毕业，又碰上“文革”，莫言只好辍学回家，到农场里放牛，无书可读时就将《新华字典》一遍一遍地翻。

18岁那年，莫言参了军。在部队那几年，莫言开始爱上了写作，开始的时候还是偷偷摸摸地写，直到中篇小说《红高粱》发表以后，反响强烈，一发而不可收，于是就有了后来的一系列著作。故乡虽旧，亲人虽穷，可莫言从没有因此而自卑，他喜欢用富有乡土气息的语言描述事物，真实地展现乡村的生活，表达自己的思想感情。莫言曾说，饥饿和孤独是他创作的源泉、奋斗的动力。而正是乡村的贫困经历和孤独的感觉，反而成就了他风格迥异的乡土文学。

失败者，做什么事都是三分钟热度；成功者，一份事业扛起来，这辈子都不会放下。莫言熬过了最艰难的时期，一路咬牙坚持，勤耕不辍，所以才有了今日的造诣和成就。

人生应该是丰富多彩的，只有敢于冒险，不断地磨练自己，才能开启通向成功的大门。旅途中，或许会遇到数不清的困难，不必迟疑，更不该放弃，目标一旦确定，就该坚定地奋斗下去。

5. 任何时候都不要做情绪的奴隶

情绪就像病毒一样，会传染，还会分散。不良的情绪影响心情，更影响生活的品质。悲伤使人陷入绝望，愤怒使人失去理智，只有保持冷静，生活的节奏才能平缓下来。以一颗平常心，观一切不平事，这才是智慧的人生。

人生总有不如意的时候，情绪也时常起伏难平。负面的情绪，只能是一种情感的宣泄，并不能解决任何实际的问题。一个成熟理性的人，往往能够很好地控制自己的情绪，平心静气地面对一切。

生活中，很多人总是不由自主地沦为情绪的奴隶。有时，一句话、一件小事、一个眼神甚至一个动作，都会让他情绪发作，在失控的状态下说出一些傻话，做出一些傻事，这也许就是所谓的“无名火”吧。

对人影响最大的负面情绪有两种，一是愤怒，一是悲悯。《红楼梦》里伤春悲秋的林黛玉，就是后者的典型。这类人太容易触景生情，心情时常随着天气的变化而变化，一旦人生遭遇大的变故，很可能为情绪所累，为情绪所伤。她们性格上还有一个致命的弱点，就那是太在乎自己，太自以为是，她们每天躲在自我框定的黑屋子里，被各种抑郁和烦恼困扰，却始终不愿勇敢地迈出一步。

无论什么时候，都不要做自己情绪的奴隶。情绪起伏不定，对任何事情提不起兴趣，既影响生活，又影响工作。摆脱不良情绪的方式只有一种，那就是尽量转移注意力，强迫自己静下心来，不去想一些扰乱心智的事。

在2006年的世界杯决赛上，一代球王齐达内就为自己愚蠢的行为付出了代价。决赛在法国和意大利之间进行，双方交锋正酣，法国队牢牢掌握着比赛的主动权。这时，因为对方后卫的言行不当，双方争执不下，齐达内太不冷静，一头撞向了对手，直接被红牌罚下，这一不冷静举措，导致胜利的天平瞬间倾斜，法国队在少一人的情况下，将快要到手的“大力神”杯拱手让给了意大利队。

与其说是命运决定成败，不如说是情绪决定成败。情绪不一定能让一个人成功，但一定可以让一个人失败。驾驭好自己的情绪，就等于将成功的主动权握在了手中。漫漫人生路，坎坷和曲折在所难免，失败了，不懊恼，不伤悲，做自己情绪的主人，从容面对一切，才有可能在工作和事业上取得成功。

一年夏天，世界台球锦标赛在纽约举行。一号种子选手大卫胸有成竹，志在必得，因为他的成绩远远好于其他选手，最后一杆只要发挥正常，便可登上冠军宝座。

这时，戏剧性的一幕发生了：一只苍蝇落在了白色的主球上。起初，大卫并不介意，只是挥挥手赶走了苍蝇。可当他俯下身准备击球时，那讨人厌的苍蝇又落到了主球上。大卫和苍蝇之间的周旋，惹得现场的观众不断地发出阵阵笑声。最后一次，大卫终于忍不住了，愤怒的情绪像倾斜的洪水一般，暴涨到了极点。他愤怒地用球杆击打苍蝇，一不小心碰了主球，因此失去了一次机会。大卫身后的对手似乎看到了翻盘的希望，穷追不舍。大卫则在愤怒情绪的驱使下，接连失利，最后五杆甚至一分未得。比赛结束了，大卫遗憾地输掉了比赛，直到最后一秒，他的心还狂跳不止，就因为一只烦心的苍蝇。

一只微不足道的苍蝇，就这样轻而易举地惹恼了世界冠军，并击败了他。想要稳定自己的心性，就要尽量避免让自己跌入“情绪”的陷阱。学会控制情绪，不做情绪的奴隶，才能每天都拥有好心情，每天都享受精彩的人生。

人生的成败与得失，不过是过眼烟云，看淡一些，平静一些，心情自然愉悦，心境自然宽广。生活并不复杂，有时候，透过一棵树、一朵花，一缕烟、一尾鱼，也可晓得大半个人生的道理。只要静心地思考当下，感受生活，一切负面的情绪必无处遁形，一去不返。

6. 生命是自己的，不要用别人的标准框定自己的人生

拿别人的标准来框定自己的人生，盲目地改造自己，永远也不可能取得成功。东施效颦的故事告诫我们：走别人走过的路，生产出来的只能是“半成品”。

如果自幼与你一起长大的哥们儿顺利考取了研究生，你却不幸落榜；如果睡在你上铺的兄弟，做生意发了大财，你却仍旧拿着微薄的收入不痛不痒地过日子……这些恐怕都很难让你心平气和吧，也许你会为了争一口气而再次加入考研大军，也许你会想要拼命挣钱，做买卖、开豪车、买洋房。成功则罢，一旦失败，你的积极性就会被严重挫伤。因为你一直都在用别人的标准来框定自己，而很少关注内心的感受。现实是残酷的，生活永远不会给你重新来过的机会。

可以艳羡别人的成功，但不可轻易复制别人成功的模式。每个人的生存环境、发展背景、文化程度都是不同的，所以他人的标准未必适合你。如果每做一件事，都习惯性地质疑自己：我可以去做吗？我够条件吗？我能做好吗？抱歉，你永远都将是一个事业上的“矮子”，不会有太大的突破。如果别人反馈给你的回答是否定的，就等于宣判了你死刑，那么你必然会依照别人的判断行事，以至于放弃自我的想法。试想：总在别人的“大树”底下乘凉，何时才能出人

头地？

成功之路就在脚下，怎样走，全由你决定。思路决定出路，多一个思路，就多一些成功的希望。多做自己想做的事，多去尝试他人未曾涉及的新鲜事，你的人生才会熠熠生辉、与众不同。

《时代》周刊公布了2013年的“100位最具影响力人物”名单，创新工场董事长李开复入选。他始终认为自己是个“笨人”，但他的成功在于有一群“聪明的朋友”，这群人教会了他如何做自己。聪明的人就像一个重力场，智商本身就相当于重力，聪明人与聪明人在一起，会变得更聪明，随之吸引的聪明人就越多，重力场也会变得越来越大。

刚加入微软的时候，李开复就是个两耳不闻窗外事的学术男，在比尔·盖茨面前头不敢抬，也不敢讲话，因为迫于巨大的压力，他总是担心自己说错话。

有一次，比尔·盖茨召开内部改组会，参会的每一个人都要发言。李开复当时心里就想：以前不敢讲，是因为大家都不讲；既然一定要讲，那就大胆地说吧。于是，他鼓足勇气展开了一番精彩的陈述：“在这个公司里，员工的智商比谁都高，但我们的效率比谁都差，因为我们整天改组，从不顾及员工的感受。我敢肯定，在其他公司，员工的智商是相加的关系。但当我们整天陷入改组‘斗争’的时候，员工的智商其实是相减的关系……”

后来，比尔·盖茨不但接受了李开复的建议，改变了公司改组的方案，还在公司高层会议中引用他的话，劝大家不要总是陷在改组“斗争”里，造成公司整体智商的降低。

从此，李开复再也不惧怕在任何人面前发言了，事业上也平步青云。2005 年 7 月李开复加入 Google 公司，并担任 Google 全球副总裁兼中国区总裁一职。2009 年 9 月他离职并创办了创新工场，取得了巨大的成功。

这件事充分证明：生命是自己的，何苦总是按照别人说的做，自己不提出新的看法和见解呢？没有试过，怎么知道你不行？尝试可能会遇到失败，但不尝试就永远不会成功。从这个意义上说，不敢尝试才是最大的失败。机会总是在于创造、在于寻找、在于发现。不去尝试，人生之路就永远不会宽广。

每个人都是独一无二的，不要企图向别人看齐，更不要拿别人的标准来要求自己，那样只会适得其反。伟大的喜剧大师卓别林刚开始拍电影时，那些大牌的电影导演们都坚持让他按照别人的模式来演。可卓别林不这么想，他花了三年时间，创造出一套适合自己的表演方法，从此一举成名。每个人都是不同的，这注定每个人的人生都将是千差万别的。

可是总是有些人，习惯拿别人的标准来衡量自己，看见别人某方面比自己强，就心里不平衡，就嫉妒，进而对自己提出各种苛刻的要求。你也许无法选择自己的出身和家庭，但是你可以选择向何处迈进，你完全有能力设计和改变自己的命运。生命的意义本就在于打造不一样的自己，走出一条真正属于自己的康庄大道。

人生最大的痛苦，是想得到和怕失去；人生最大的彻悟，是怎么来和怎么去。不要用别人的标准将自己框住，生命是自己的，好好地去珍惜、把握它吧。

7. 与其华丽地撞墙，不如优雅地转身

生活中，很多时候，不仅需要一如既往的执着，还需要回眸一笑的洒脱。坚持未必能取得胜利，反过来，放弃也未必就是认输。与其华丽地撞墙，不如优雅地转身。耐心等待，静心思考，给自己一个迂回的空间，方能在漫长的人生征途中走得更远、走得更好。

每个人都有理想，但空洞而不切实际的理想，会把我们推向危险的边缘。有些人的理想一旦确定下来，往往永不更改，即便是一路马不停蹄地追逐下去，也终究现实不了。其实，在给自己的人生定位时，一定要考虑到奋斗途中可能会遇到的一些困难，理想因情而异，你坚持的东西不一定是最好的。如若不然，盲目地坚持下去不但理想不能实现，反倒会虚度光阴。人生毕竟不是快马加鞭的赶路，也不是一劳永逸的投机，盲目地拼命只会耗失心力，使你步履维艰，甚至

止步不前。只有在停与走之间冷静思考、从容应对，才能取得令人欣喜的结果。

小渔村有个王老汉，年过半百。王老汉脾气很倔，每次出海前，都要立下誓言。大多数时候豪言壮语一出，根本不着调，最后只好将错就错，自吞苦果。

有一年春天，王老汉听说市面上墨鱼的价钱很好，便在心中立下重誓：下次出海，非墨鱼不捕。可是偏偏不巧，遇到了鱼汛，一股脑儿浮上来的全是螃蟹，王老汉只得空手而归。回到岸上后，渔民们纷纷呼喊着，“市面上价格最高的是螃蟹，这下发达了！”王老汉听到这个消息，追悔莫及，发誓下一次出海，一定只捞螃蟹。

这一次，王老汉把注意力全放在螃蟹上，可这一次遇到的却是章鱼。不用说，他又一次无功而返了。晚上，王老汉饥饿难忍，躺在床上十分懊悔。于是，他又暗自发誓：下次出海，无论是遇到螃蟹、墨鱼，还是章鱼，他都要捕捞。

第三次，王老汉严格按照自己的誓言去做，可这一次墨鱼、章鱼和螃蟹他都没见到，只见到一些瘦小的青鱼。不用说，王老汉再一次空手而归……

天还没亮，王老汉就在饥寒交迫中死去了。

人生的每一件事，都无须按部就班；不知变通，只能是死路一条。这个世界上，谁都无法对未知的事物进行准确地把握。如果刻意强化某种被称之为“誓愿”的东西，什么时候才能走出患得患失的误区呢？正所谓“事在人为”，你只有树立良好的心态，客观理性地处理问题，才能将困难一点点消除。

著名的华裔科学家杨振宁曾为撰写一篇实验物理的高端论文，没日没夜地埋头看书、搞研究，可能是心力交瘁的缘故，几番实验下来，事故不断，因此，论文迟迟没有成形。后来，他反复思索，终于认识到自己的不足。虽然他的思维足够强大，但动手的能力却极差。他的朋友泰勒博士给了他一个建议：放弃撰写实验论文的目标，专心从事理论物理的研究。他听取了朋友的建议，短短三五年，就在研究方面取得了突出的成绩，最终登上了事业的巅峰。

聪明人懂得放弃，明白人懂得变通。种子落在土里，发了芽，长了苗，就不能随意移植，一动便不能成活。人不是植物，是有思想的高级动物，遇到事情可以灵活处理，一种方法不行就换另一种，总有一种可以用来解决问题。要知道，你不是因为某个莫名其妙的目标才来到这个世上的，你之所以这般风尘仆仆，是因为你在乎它、眷恋它、离不开它！有些人，为了得到他喜欢的东西，费尽心机，不到黄河心不死，万不得已走向了极端。即便侥幸获得了一些名利，但在追逐的过程中，付出的代价同样沉重得不可估量。

这个世界上，从来没有单纯的执着，只有灵活的变通。就好像一只犀牛，拼命地向前跑，明知前面是万丈悬崖，但心里似乎有一个声音一直催促他：继续往前跑！最后的结果可想而知，这样的行为丝毫不值得怜悯，除了傻子，大概没有人执意如此。随机应变不是耍小聪明，也不是随风摇摆，而是一种急流勇退的大智慧，一旦掌握，即会终身受益。

“得不到的，永远是最好的”，事业如此，爱情亦如此。当你钟情于一样东西时，得到它并不是最明智的选择。就像爱一个人，他若变了心，你纵是“一哭二闹三上吊”也没用。还不如痛快地割舍，将最美的回忆留在心底，让彼此都能轻松地开始新的生活，正所谓“不在乎天长地久，只在乎曾经拥有”，优雅地转身，才是对跌宕人生的一种跨越。

8. 学会看淡一些事情，是对自己最好的保护

生活犹如万花筒，喜怒哀乐，往往熔于一炉。人生在世，需要经历很多事情，没有人不想幸福快乐地生活，无奈现实生活不尽如人意。看淡曾经的伤痛与现实的烦恼，才能避免身心受到更大的伤害；彻底地放空自己的心灵，才能实现人生的突破和超越。

人生如梦，经历过，才会珍惜，才能彻悟。有时候，忘记悲伤的过去，就是对自己最好的照顾。生活中，许多事情还是看淡些好，人生不过是失与得的重叠，看淡了也就轻松了。

生活纵然充满了叹息和无奈，好也罢，坏也罢，但总归有值得回味、值得期待之处。做人，不能疑心过重，许多人为了名利，费尽心机，百般折腾，到头来一无所获，反而留下了不少遗憾。很多事物强求不得，偶尔往好的方面想想，心里反而会舒服很多。

生活中，幽默达观的心态，远比名次和奖品更为珍贵。赢得起，也输得起的人，才能最终实现人生的价值。人生没有十全十美一说，有时快乐有时悲，有享受也有无奈，有欣慰也有困惑。快乐不会永恒，痛苦也会过去，拥有一份美丽的心情胜于一切。

常言道：人往高处走，水往低处流。现实社会中，很多人曲解了这两句话的意思，其真正的含义应该是返璞归真，从善如流。人生当中，很多问题是没有答案的，不是方法不对，而是根本不需要解答。与其苦苦纠结，还不如换一种思路，换一种态度，把不高兴的、痛苦的思绪统统抛开。什么事都要向前看，不妨将旅途的劳顿都化作惬意的微笑，让它淡淡地流动于轻云漫雨里，尽情地拥抱生活，好好地珍惜人生。

有个生活十分潦倒的销售员，名叫小卫。大学毕业之后，没找到什么好工作，无奈之下进了一家销售公司，一干就是四五年，每天都埋怨自己“怀才不遇”，认为是命运在故意捉弄他，长此以往，工作效率差，存款也没攒下多少。

元旦前夕，家家户户张灯结彩，充满了节日的热闹气氛。小卫坐在公园里的一张椅子上，开始回顾往事。六年前的今天，他也是孤单一人，以醉酒的方式度过了新年，没有新衣，也没有新鞋子，更甭谈新车子、新房子了。

“唉！今年我又要穿着这双旧鞋度过苦闷的元旦了！”说着，他准备脱掉穿在脚上的旧鞋子。这时，一个白须的老人滑着轮椅从他身旁经过，微笑着说：“年轻人，看淡一些吧！你至少还有一双鞋，一双可以行遍世界的脚。”看到这一幕，小卫低下头，沉思了片刻，觉得自己好像一下子明白了许多：“我有鞋子穿，可以堂堂正正地走路，可以用双脚去一步一步踩出属于我的人生，是一件多么幸福的事啊！我应该坦然地面对现实，乐观地继续我的人生。”那天过后，小卫发奋图强，力争上游，短短三年的时光，已成为这家销售公司的经理。

当今社会，物质生活十分丰富，要想以一种平静恬淡的态度看待一切，并不容易。人生，简单两个字，很多人一辈子都参不透。也许，真要等到生命终结的那一时，才能揭晓真正的答案。一些人大半辈子过去了，却生活得并不快乐，心中的责任和苦痛，像两座无形的山一样，压得他都快喘不过气来。因为太多的牵绊，很多人睡不着、吃不下，坐卧不宁，泪水无数次模糊了双眼。其实，很多时候，人所生存的环境只是一个躯壳罢了，就因为人们太在乎物质，太贪恋名利，所以步步都走得揪心，走得沉重。

人生苦短，岁月无情。看淡功名利禄，看轻荣辱得失，才能静心安神，乐得自在。很多人只要一想到余下的日子希望渺茫，就哀叹生活的不如意。很多人只想得到而吝于付出，只是得来的全都是一些象征着名利的俗物，生不带来，死不带去，若是存留久了，还会酿出无端的祸端。

人生如白驹过隙，转瞬即逝，看淡些，才能更好地保护自己。做人，知足常乐甚好。坦然地面对现实，多一分满足，少一分困扰，多一分快乐，少一分失落，有所为，有所不为，这才是至高的人生境界。

生活其实很简单。就是一个圈，一个圆。一半归于身体，一半归于心灵。身体的欢愉与痛苦，都可以通过心灵来调整。在社会的游戏法则里，人不该计较太多，看淡生活，保持乐观坚强的心态，比什么都重要。姑且将失意与惆怅，看作是宿命的安排吧，这样，反而少了份遗憾和愁苦，多了份坦然和安宁。

第九章

凡事看开，别和自己过不去

人生，就像一场游戏，每一段路上，都可能设有关卡。过多地沉溺于过去，痛苦不光减轻不了，反倒会成倍地增加。凡事看开些，别和自己过不去，心中的一亩三分地，便是人间最好的风景。

1. 遇事不钻牛角尖，人也舒坦，心也舒坦

做人，最重要的是不走回头路，别在“同一棵树上吊死”。遇事不慌乱，更不要钻牛角尖。冲破自己的思维定式，让僵化的脑筋多转几个弯，或许你会意外地发现一片美丽、开阔的风景，收获更多的人生精彩。

人生在世，要做的事有很多，要接触的新事物也有很多，可是我们不可能什么都懂，更不可能每一件都处理妥当。人总是在犯错与纠正错误的循环往复中获得生活的经验，从而一步步成长起来。在我们的一生中，不犯错误是不可能的，所以不妨放宽心思，冷静面对，反而会活得坦然。

好钻牛角尖者，往往不肯虚心地接受他人意见，对于朋友的规劝或忠告也置若罔闻。他们盲目地按照自己的意愿行事，不仅自己撞得头破血流，甚至还会让朋友感到难堪、没有面子。没有武松的本事，却偏要上山打老虎，这样的做法

不光称不上勇猛，简直就是愚蠢。

有这样一则寓言故事：

一只青绿色的幼虫，有一天误入了牛角。

幼虫甩着细小的身子，歪歪扭扭地向黑暗的尽头进发。弯弯的牛角，在它眼中就像是一条极其宽阔的隧道。它只是好奇地想：走出隧道，一定能找到肥美的水草和丰沛的食物。一个多钟头过去了，路却越走越窄，到后来竟难以容身。这时，幼虫仍旧不死心，它拼命地挤压自己的身体，试图从那狭小的缝隙中钻过去。

很快，幼虫就耗尽了最后的力气，不得不停下来反思自己的行为。经过一番激烈的思想斗争，它决心掉过头来，重新出发。

这一回，幼虫由牛角尖向牛角口进发，结果它惊喜地发现，路越走越宽广，而且一爬出角尖，就看见蓝盈盈的天、郁郁葱葱的地。一时间，它内心的狂喜完全无法抑制，感觉自己就像一只小鸟，在天上自由地飞翔着。

之后，幼虫逢人便说："当你遇到无法逾越的障碍时，不要一味地钻牛角尖，不妨换一种方式、换一种思路。就像面对一扇打不开的门，换一把钥匙，或许希望之门就会打开。"

俗话说："听人劝，吃饱饭。"刚愎自用、钻"牛角尖儿"，只会使前面的路越来越窄，越走越走不通，那里注定不是成功的殿堂，而是失败的牢笼。那些爱钻牛角尖的人，总是“迷信”于自己，对其他人的话充耳不闻，但又生怕不被人重视，得不到他人的承认，所以总是强出头，好表现，不撞南墙不死心。有时难免言行过激，脑子一热，犯下无法挽回的错误。

明知道“撞破头”的滋味不好受，为何还要“霸王硬上弓”呢？“不钻牛角尖”，似乎是一个很浅显的道理，可未必人人都能做到。要真正意识到哪边是牛角尖，哪边是牛角口，也不容易。其实，所谓的“不钻牛角尖”，就是遇到事情，首先要摆脱思维定式的影响，不可单纯地从自我的经验出发，考虑事情尽可能全面、细致一些。不管你是普通人还是伟人，小职员还是大领导，都应该养成处事低调谨慎、虚心接纳他人意见的习性。唯有一颗冷静而善于思考的心灵，方可另辟蹊径，解除困境。

人这一辈子，说白了，活的是一口气。不求比所有人都过得好，但一定不能容忍自己过得太差。一方面积极上进、迎头赶上，另一方面也要沉着淡定、步步为营。

执着与变通是两种不同的人生态度，不能单纯地说哪个好，哪个不好。难道明知道前面是万丈深渊，还要硬着头皮往前闯吗？做人不能太死板，要懂得变通。一个人如果总是吃一种水果，穿一件衣服，太习惯于某一种想法，生活岂不是少了很多可能性、路途上少了很多美妙的惊喜？平时，做一些脑筋急转弯的题目，既不枯燥又可以锻炼思维，两全其美，何乐而不为？

单纯的执着与变通，都是不完美的，只有二者相辅相成，才能达到真正的完美。即使失败了、跌倒了，也要尽量看淡一些，多从好的方面着想。人的一生不可能一帆风顺，道路是坎坷的，困难就像前进中的障碍物，需要你利用各种方法清除它，使其不至于成为你成功路上的绊脚石。

让生活变好的金钥匙不在别人手里，不要总是指望去改变别人。静下心来，守住自己的一亩三分地，将每一次的不完美都看作是不可避免的考验，只有掌控了自己的命运，才能做自己生活的主人。

2. 人生没有完美，幸福没有一百分

世上虽有“完美”一词，但总归缺少完美之物。执着是一种负担，放弃是一种解脱。人生没有完美，幸福没有一百分，不能拥有那么多，又何必要求那么高？

中国有句古话：“月圆则亏，杯满则溢。”这句话可不简单，就拿圆月和弯月来说，前者体现的是圆润丰盈之美，后者则是残缺哀婉之美。正因为尽善尽美几乎无法实现，幸福没有满分，所以许多人反而喜欢残月，因为它留给人的遐想空间更大。而从做人的角度讲，话不能说太满，语气不可冲，做事也不能不留余地、好高骛远。

年轻的时候，觉得自己是一颗钻石，光芒四射，璀璨无

瑕；真正走向社会的那一刻，才发觉自己只是沧海一粟，渺小无比。假以时日，被残酷的人生打磨成一粒沙石，难免会被挤压在摩天大厦的底端。对未来的未知，往往会让我们的内心无比空虚，有一天，知道什么该放下，什么最需要，才算是真正的成熟。越是在逆境中的时候，越要把脊梁挺得直直的，只有一步步平稳地向前推进，幸福才会如期而至。

1924 年，英国大学者罗素在几位老教授的陪同下来到四川，当时正值夏天，天气十分闷热。在领导的建议下，他们决定坐那种两人抬的竹轿上山。山路极为陡峭，几位轿夫也累得满头大汗。罗素心想：轿夫们一定对他们感到深恶痛绝，这么热的天，还要抬着他们上山！或许他们心中正哀叹着，为什么自己只能抬轿，而没有福分坐轿？

竹轿一上一下地颠簸着，转眼间到了山腰，一位老教授心软，让轿夫停下来歇息片刻。这时，罗素发现轿夫们散坐一旁，拿出烟斗，有说有笑，对于辛苦的工作毫不怪怨，也没有对自己的不幸命运感到不满。一位个性爽朗的老农还将自己的不平凡经历讲给众人听，言语中还流露出无限的欣喜。那天，罗素与轿夫们一起吃了午饭，与他们畅聊到黄昏时分，才讪讪离去。

后来，罗素在他的《中国人的性格》一书中多次提到了这个故事。而且，他因此得出了一个著名的结论：用自以为是的眼光看待别人的幸福是毫无道理的。你所理解的“100分的幸福”，在别人那里可能只有 50 分；反之，别人眼中的

“黄金”，在你这里可能一文不值。

人生就是如此，坐轿子的人是幸福的，抬轿子的人也未必不幸福。对于幸福，每个人的理解不尽相同。人生没有完美，幸福也没有 100 分，获得了金钱和地位，并不等于拥有了获取幸福的钥匙。然而，幸福也不是自我满足，不贪恋一时的快活，才能感受到永久的欢愉。

人生不是被“定义”的，而是被“定位”的。完美是一种理想，是促使人奋进的动力；无论失败还是成功，都是我们不得不面对的结果，因为不完美才是生活的本质。

瓜无滚圆，人无十全，每个人都有缺陷。既然生活不完美、有缺憾，且不妨换一种眼光来看待它。有些问题，别人指出了，及时改正，善莫大焉。《茶馆》里的主人公王利发曾说过这样一句话：“早些年有牙的时候没有花生仁吃，现在有花生仁儿了，又没牙了。”

生活中，很多东西是无法轻易改变的。既然环境无法改变，人只有调整自己的心境，更好地去适应它。时间在走，脚步不曾停留，人生的剧目正在上演，过多地顾及，过多地沉溺，到头来失望的，只有自己。

真正的幸福是无法描绘的，你只能细心体会，而无法牢牢占据。现实生活中，台风、地震可以预报，水灾、瘟疫可以预报，单单幸福不可预报。其实幸福和怀孕一样，也是有征兆的。真正的幸福不是买彩票中大奖、娶媳妇抱孙子，而是随着时间的沉淀日渐形成的一种持久状态。幸福掌握在自己手中，而不是在别人眼中。幸福是一种感觉，这种感觉应该是愉快的，使人心情舒畅，甜蜜快乐的。

这个世界上，从来没有十全十美的事物，也没有十全十美的人，关键在于清楚自己想要什么、不想要什么。得到不想要的，肯定会失去想要的；什么都想要，肯定什么都得不到。我们曾追求过物质的享受，以为那才是幸福。而唯有饱尝过痛苦滋味的人才懂得：真正的幸福，不只是一栋房子、一张学历、一纸合同那么简单，它更多代表了心灵上的慰藉和满足。患难中心心相印的一个眼神，贫困中相濡以沫的一块面包，女友一条温馨的短信，母亲一句关切的祝福……这都是千金难买的幸福。有一些东西错过了，就一辈子错过了；有些东西留住了，反而会一辈子拥有。

追本溯源，幸福源自于我们每个人对人生的“定位”，它与金钱、权力、地位没有多大关系，无论“富二代”还是“穷乞丐”，只有当你不为名利所累时，精神才会自由，生活才会幸福。

3. 不要跟自己过不去，不要纠结于别人的评说

人这一生，机缘各异，机遇难同，一帆风顺也好，起起落落也罢，都不必过分在意别人的评说，只要把自己的事情做好即可。过多的抱怨和纠结，只会让心更累；过多的较真和愤懑，只会使自己更难过。无论走在何处，都不要迷失自

我，人生苦短，何必要跟自己过不去呢？给自己一块空间，来打造人生的辉煌和精彩；给自己一片天地，去容纳世间一切不平事，岂不更好？

快乐与幸福，大多数时候与物质无关，有时只是一种体验和感受而已。如果生活过得不快乐、不如意，就要理性地去分析，别让恶劣情绪停留太久，快乐不快乐完全取决于你自己。林子大了，什么鸟都有，你又何必在意多余的非议呢？作为一个独立的个体，你不需要全世界都围绕着你，你有你的旋转舞台、你的生活空间，有你爱的人和爱你的人，难道还不足够吗？不要老是跟自己过不去，也不必纠结于他人的评说，把快乐攥在手里，把烦恼抛在脑后，这才是幸福的秘诀。

今天的你，遇到了本不该有的挫折，即便有人在背后恶意中伤你，也不必感到悲伤难过。不喜欢与别人吵架，你可以大度地转身离开；在情绪上大做文章，是对自己的不负责任。毕竟，生气也是很费心思、很伤筋骨的。所以，如果你是一个想要成就大事的人，就别让幼稚的情绪影响到你。虽然不知道以后的生活会怎样，但却可以真切地把握现在；虽然左右不了变化无常的世事，却可以调整自己的心情，保持积极向上的生活状态。只要每天给自己希望，你的人生就必然不会失色！

王磊是一位刚刚毕业不久的大学生。由于从小娇生惯养，初入社会的王磊，待人接物总显现出一副桀骜不驯的姿态。但是工作了一段时间后，王磊开始意识到自己的问题所在。他在一家外企人力资源部做助理，上班第二天就遇到了一些麻烦。那天，慌忙冲入电梯的王磊，发现后面站着的正是昨天刚见过面的公司老板。

王磊心中十分犹豫：到底要不要回过头跟他打声招呼？电梯里人很多，他怕自己说不好反而招来别人的嘲笑；如果当着电梯里所有人的面做自我介绍，万一人家记不住怎么办？思前想后，他还是硬着头皮转了过去，装作什么都没看见。没想到后来给老板送报告，刚巧老板从办公室里出来，却像没看见他一样，眼睛直接瞟到了一边。王磊后悔不已，心想老板一定在电梯里看见他了。

没过多久，更倒霉的事情来了。有一回王磊陪着老板和客户吃饭，因为上次的事情，王磊很想借这个机会与老板搞好关系，但是他几乎得不到任何表现的机会。

下了车，王磊发现老板手上拎了一个极重的电脑包，臂弯里还有一件风衣，就想着：是不是应该勤快些，把他的包和风衣接过来自己拎着？可是，如果我那样做了，岂不成了小跟班？小丑的形象马上在他的脑子里来回转悠了。

回酒店的路上，老板总是不停地咳嗽，他很想关心地问候一声。但是这个念头一出，连他自己都觉得害臊，“谄媚”这个词又一下子从心底冒了出来。所以一路上，他都沉默不语。

就在他犹豫的时候，老板已经走进了酒店，对方公司的人也刚好迎了出来。双方握手时，王磊明显感觉到老板瞪了他一眼。这让他越发紧张了，很快，悬起的心就已经凉了一半。

周末，王磊收到了一封邮件，他被公司辞退了……

人最大的弱点，就是太看重别人的意见，顾虑重重，本来挺简单的事情反倒复杂化了。如果一个人老是被各种无形、有形的看法左右，被各种社会道德的身份观念影响，前怕狼后怕虎，又怎么可能会在事业上有所成就呢？

生活中，很多人太过在意别人的评说，总是把自己搞得神经兮兮，简直成了鲁迅笔下的孔乙已。有的人在路上不小心摔了一跤，惹得路人捧腹大笑，尴尬之下，还以为全天下的人都等着看自己出丑呢。可是，若是将心比心地想一想，就会发现：其实这种事不过是生活中的一个插曲而已，旁人一笑又有何妨？也许别人早就抛诸脑后了，只有当事人还执着于心，不肯放下！

一个人一辈子只能活一次，若都按别人的心意去活，人生又有什么意义呢？生命匆匆，不必一味地委屈求全，别人觉得好的，未必就适合自己。总会有人说你好，也会有人说你不好，太在乎别人对你的看法，你永远都会觉得不自由，因为这些言语改变不了事实，却可能搅乱你的心。心如果乱了，一切就都乱了。只要做人做事无愧于心，就不必执着于他人的评判。

人生一世，冷暖自知，你的幸福，不在别人眼里，而在自己心里。不要跟自己过不去，不要纠结于别人的评说，做自己喜欢做的事，造就一个独立而完整的自我才最重要。

4. 给自己一个希望，不为明天而烦恼，不为昨天而叹息

保尔·柯察金曾说过这样一句话："人最宝贵的是生命，生命属于人只有一次。人的一生应当这样度过：当他回首往事的时候，不会因为碌碌无为，虚度年华而悔恨，也不会因为为人卑劣，生活庸俗而愧疚。"不必等到垂暮之年，现在就回首往事想一想，你是否曾经有过悔恨，你的人生是否曾经留下遗憾？

尽管每个人的背景、经历都不尽相同，但绝大多数人回想起茫茫岁月，多多少少都有遗憾事。岁月的洗礼不仅没能让这些遗憾随风而去，反而成为我们心中无法弥补的缺憾，无法痊愈的伤口。

人生就是一场充满无数未知的旅行，在结果到来之前，我们无法确定或者保证任何一件事情。是选择谨慎小心的亦步亦趋，还是放手一搏多看一处风景？是选择带着遗憾离世，还是趁着现在赶紧追逐梦想、弥补遗憾？相信每个人的心中都有一个答案。

七十五岁的高女士终于举办了自己有生以来的第一次画

展，面对记者的采访，这位风烛残年的老人掷地有声地说道：“我很后悔当初放弃了自己的梦想，但是我更庆幸在老年时，还能保有‘逐梦’的勇气，所以我这辈子也没什么遗憾了！”

早在幼年时期，高女士对艺术就产生了极大的兴趣，那时候她最大的愿望就是有机会到法国学画，并盼望有一天能举办个人画展。然而由于家庭经济因素，这个愿望显得遥不可及，毕业参加工作后，她不改初衷希望能够借助自己的双手存够留学的费用。

“画家活着的时候不都是穷困潦倒吗？既然画画又赚不了什么钱，又何必大老远去学画呢？”“这么好的工作，多少人挤破头都进不来，也就你这个傻丫头居然还想着辞职。”“放弃稳定的工作去学画，真心太不值了。”……周围的冷言冷语渐渐动摇了年轻的高女士，于是她放弃了出国，并自我安慰道：就算不出国，利用工作闲暇时间，一样可以学画！

理想是美好的，现实却是残酷的，不久后高女士组建了家庭并开始生儿育女。忙碌的工作，再加上琐碎的家务以及照顾父母儿女的责任，高女士拿起画笔的时间越来越少，甚至连她最珍爱的画具也被遗忘在杂物间的角落中。一晃几十年过去了，高女士也从姑娘变成了老太太，然而去法国学艺术、办画展，这些没能实现的梦想，却成了她心中永远的遗憾。

是带着这个遗憾死去，还是抛开年龄等一切阻碍去追梦？最终她选择了后者，并毅然决然地踏上了留法学画的旅程，那一年她已经快七十岁了。

人生不过短短几十年，为什么要给自己留下遗憾？英国哲学家约翰曾经说过：“理性的人，应该有充分的果断和勇气，凡是应做的事，不因里面有危险而退缩。”事实上，绝大多数遗憾都是因为害怕危险缩头缩脑而造成的，如果我们有放手一搏的勇气，结局完全可以截然相反。

一个人在年轻时候的选择，对其一生而言，往往是至关重要的。年轻时可以没有金钱，可以没有事业，但却不能没有锐气，不能没有放手一搏的勇气。再强大的信念，再坚定的梦想，在残酷的现实和生活重压面前，也总会有消磨殆尽的那一刻，如果不想徒留遗憾，唯有顶住压力与风险，痛痛快快地搏上一搏。

在现实生活中，恐怕没人会愿意承认“对，我就是孬种”，既然如此，为什么宁愿后悔也不愿意试一试自己能否转败为胜呢？做事懒洋洋提不起精神，这不是因为没有实力和目标，而是从潜意识里不想奋斗、害怕冒险。一开始就输了气势，又怎么可能赢得这场人生马拉松呢？既然不想徒留遗憾，那就斗志昂扬地上战场，拼过战过就算输了也是赢家。

5. 不要为旧的悲伤浪费新的眼泪

人生，最重要的是现在。为过去哭泣，为过去遗憾，只能增加不具名的悲伤，使人长久地深陷泥潭。人有悲欢离合，月有阴晴圆缺，擦干眼泪，才能重新开始新的生活。

人生，最悲伤的事莫过于跨越生死。无论是爱情的折磨、亲人的离去，还是友情的背叛，都已经成为过去了，人一旦陷入无法抑制的痛苦，生活就彻底失去了意义。

沉浸在过去的悲伤，只能痛一时，万不可痛一世。人生的道路何其漫长，有多少人还未遇到，有多少目标还未实现，难道要让伤悲的泪水淹埋生活的希望吗？

老李是黄河边上的一位摆渡人。这天晚上，老李收了羊皮筏子，正准备回家。这时，一个青年女子“扑通”一下，从河边跳了下去。老李二话没说，跳下去，一把将女子拽上岸。老李问：“你年纪轻轻，人生还有很多事要做，为什么要自寻短见啊？”那女子哭诉道：“我才结婚一年，老公就在外面结了新欢，我整日以泪洗面，这样的日子活着还有什么意义？”老李沉默了片刻，又问：“那你结婚前的生活是怎样的？”女子回忆起婚前的时光，眼中瞬时流露出欣喜的神色：“那时的我大学刚毕业，自由自在，无忧无虑，对生活和未来充满了希望和追求……”老李继续问：“那时你有对象吗？”女子说：“当然没有。”老李笑了笑，耐心地说：“人生就像过河，你不过是被命运之船早早地送到了对岸，眼泪只能代表过去，而不能代表现在和未来。年轻人啊，忘却不愉快的过去，过回你以前的生活吧！”

人生，没有解不开的心结，不要老是为过去而悲伤。每个人都有自己的故事，有自己不愿面对的伤痛，走不出自己的过去，就打不开未来的心窗。为过去而伤悲，必然会失掉现在；失掉现在，就没有什么未来可言！时光一去不复返，不要使过去的错误成为明天的包袱，失败与挫折只属于过去，与现在和未来毫无关联。

失败，只能成为过去式，而不是进行时，更不是将来时。走不出过去的阴影，就无法到达人生的高峰。生活在过去的伤痛中，流逝的除了时光，还有梦想。人生最宝贵的阶段永远是现在，珍惜好眼前的每一分每一秒，心无杂念，才能创造新的历史。过去并不重要，重要的是现在。就算人生三分之二的阶段都穷困潦倒，也无碍余下的这三分之一年华的奋斗。

抽刀断水水更流，举杯销愁愁更愁。人，更多时候，还是现实点好。不痛快的、伤感的往事，该过去的就让它过去，在自己的脑海中干脆地画上一个句号。既然流逝的时光、路过的风景不会再来，又何必再浪费新的眼泪呢?

生活中的悲伤与痛苦，往往只是一种内心的感觉。忘记一份痛苦，就等于获得了一份自由。人只有真正地告别痛苦和泪水，才能从失意的泥沼里走出，勇敢地面对生活。

正所谓“如烟往事俱忘却，心底无私天地宽”，擦干悲伤的泪水，珍惜现在，关注一切正在发生和将要发生的，才是每个人生活的重心，才是人生努力的方向。尝试忘记，也尝试放下，让一切重新来过吧。在时间的涤荡下，悲伤的记忆总会淡去，放下过去，才能享受现在的精彩，才会有未来的成功和幸福。

人生，不过是一场游戏一场梦。如果这场梦还未醒，这局游戏还未结束，就不必过早地盖棺定论，释怀过去是一种安慰，更是一种解脱，放下无形的精神枷锁，将爱恨情仇、功名利禄、恩恩怨怨全部抛之脑后，人生才可迎来新的日出。

6. 无人理睬时坚定执着，众人羡慕时心如止水

有人说，人生是一条曲线，进入不同的岔路口，到达同一个终点；有人说，人生是一条直线，道路千万条，但是心的路途始终是平直的、唯一的。人生，不仅不能为名利所累，还不能为他人所累。心无旁骛，才能坚守梦想，一心向前。

现代人之所以活得累，首先在于心，其次在于行。无人理睬时，只好孤军奋战，心中无根，就像蒲公英一样四处飘；众人羡慕时，虚荣之花在心田遍地开放，从巅峰到平地，一念之间而已。一些人，在不同的环境下，被赋予了不同的角色。角色变了，心性也改了。从前的纯真希望，在大环境的刺激下，早已褪去了生动的色彩，变得世俗了、物质了。寻梦、追梦，万不可受人影响，别人的刺激或挖苦，只

能当作生活的调味剂，而不能捧上台面当正餐。

一个人的强大，不在于外在的盛气凌人，也不在于夸张的行为或言语。真正的强者，胜不骄，败不馁，既具有坚定执着的信念，又拥有从容淡定的生活态度。人的一生有很多目标，这些目标就像大大小小的音符，最终构成了最美妙的篇章。失败了不要紧，一笑了之，以平常心对待，心如止水，才是人生的真境界。

从前，有两个盲人，一老一少，每日在街头卖艺为生。一天，爷爷终于支撑不住，病倒在了街头。他自知不久将离开人间，便把孙子阿坤叫到床头，紧紧拉着他的手，吃力地说："孩子，这里有个秘方，可以使你看得见光明。我把它藏在琴弦下了，但你千万要记住，你必须在弹断一千根琴弦后才能将它取出。"多年以后，阿坤谨记爷爷的教诲，不停地弹啊弹啊，将一根根弹断的琴弦收藏着，铭记在心。十年间，阿坤的琴艺见长，门下弟子无数。等到他弹断第一千根琴弦时，也已到了垂暮之年，成了一位饱经风霜的老人。这日，他颤抖着双手，小心翼翼地打开琴盒，取出了秘方。路人告诉他，上面什么都没写，不过是一张白纸。其实，拿出"秘方"的那一瞬间，阿坤就已经明白了爷爷的用心，泪水一滴滴地落到了纸上，时间仿佛在那一秒钟突然静止了。

人生就是一次长跑，终点未到，一切都不可预料。是希望，指引着他一路坚定不移地走下去，人生末了，回首沧桑的一生，才领会到了长辈的良苦用心。在这个世界上，最难做到的就是顺其自然。因为幸福没有终点，但人生是有终点的，面对别人的冷嘲热讽，我们能做的只有忍让，然后将其内化成一种动力，促进自己更好的进步。

人生，最主要的是保持一种冷静的态度，有所争有所不争。对生活永远不要期望过高，尽可能地立足现实，咬紧牙关，无人理睬时坚定信念，众人羡慕时则心如止水。排除干扰，才能朝更高、高远的目标迈进。

现实是残酷的，但不能因为一时的残酷，而盲目伤感，迷失自我。虽然现实很骨感，但只要人的理想够丰满，始终走在自己的轨道上，人生又怎么可能走岔呢？有时候，没有人搭理，自己反而可以生活得更好。如果一个人的生活里充斥着无数张嘴、无数种争论、无数个白眼，人生岂不是一种莫大的煎熬吗？有时候，拥有一样东西是幸福的，但失去一样东西未必就不幸福。没有随心所欲的人，也没有随心所欲的人生，只要顺着自己心的方向，坚定地走好脚下的路，就能抓住属于自己的幸福，拥抱最真切的人生。

人生的道路中，阳光与风雨同在。张弛有度，从容不迫，才是人生的大智慧。淡定之人不以物喜，不以己悲，专注地对待工作，从容地对待生活，不为名利所累，亦不为得失所困。

淡定的人生，不寂寞；淡定的人生，不匆忙。生活中，快的节奏不一定是最好的，有时候，放缓匆忙的脚步，反而走得更稳。唯有坚持自己的意愿，理性地向前迈进，才能活得明白、活得自在。不悲不喜，不卑不亢，想得开，想得透彻，才能远离喧嚣，回归自然。

做人，就该有一种“千磨万击还坚韧，任尔东西南北风”的精神，不要因为别人的漠视，动摇自己前行的决心。生活中，不妨怀揣一颗清净之心，不要被外在的喧嚣所打扰，纵然天高云淡，只顾一心向前！

7. 如果总在乎别人怎么想，那就别活了

现实生活中，很多人重形象、要面子，别人一句无心的说辞，在他耳里成了敏感的嘲讽，三十六般变化下来，彻底失去了自我。虽说“当局者迷，旁观者清”，但旁人的看法终归是主观的，仅可借鉴，万不可对号入座。

太在乎别人的想法，迟早会失去自我。人生的路是自己选的，怎么走全靠自己的判断。周围的人只能给予意见，不能对最终的决定横加干预。每个人都要有一定的辨别力，不卑不亢，坚持自己该坚持的，才能少些烦恼，多些快乐。

生活中，每个人都希望自己的价值得到最大程度的发挥。因此，在付出的时候，也希望从别人那里得到一些语言或物质上的认同。不能太在乎别人怎么想、怎么看，但也不能盲目自大，一意孤行。很多时候，坚持做自己是很难的，既不要被别人的想法误导，又不能自欺欺人、置若罔闻。任

何时候，条件越优越，越要学会收敛，学会隐忍。别人的看法和意见，权且当作一种善意，只要内心的信念足够坚定，就不必担心有一天会倒下。

生活纷繁复杂，太难掌控。在自己的想法和别人的意见之间来回徘徊，到最后难免要动摇自己的信念。人最大的弱点，就是容易被外在的因素所影响，总是将一些简单的事情复杂化，到最后一番努力反而白费。很多人之所以太乎别人怎么想，往往是因为自卑。一个人若是没有自信，整天惶惶不可终日，干什么事情都很难成功。自信的人，往往能够坚定自己的信念，不被他人的言论所影响。可见，不再在乎别人对你的评价和看法，也是人生一种莫大的自由。

每个人人生旅程中的风景都是不同的，别人的经验可以吸纳，但不可复制。要否定别人的意见，也很容易，不必言辞激烈，一个会心的微笑足矣。未来永远是一个谜，不要因为别人轻易改变自己的初衷。一切生活的经验，只有通过亲身的实践，才能转化为真正的智慧。生活中，个人的实践永远比旁人的经验更加重要。人生原本是很简单的，只是我们人为地将其复杂化、庸俗化了。因为掺杂了太多人的看法和意见，导致产生的事物成了不折不扣的“四不像”，缺乏了应有的个性和特色。

要对一件事做出正确而合理的预判，除了实践，还需要一些个人的直觉。如果这些直觉与别人的看法针锋相对，就要静下心来，听听自己的心声了，梦想是自己的，痛苦与快乐也是自己的，这时候，你必然要去繁从简，坚定地迈出下一步。

明朝时期，有一位秀才，不攻诗书，一心偏爱画画。他做梦都想创作出一幅人见人爱的名画来。半年下来，他的“名作”诞生了。秀才高兴极了，便拿到街上向友人展示。他在画的旁边放了一支笔，并提了一行文字：若是觉察出哪里不好，请赐教。晚上，秀才带着画回到了家中，掌灯一看，才发现整幅画被涂满了标记——几乎每一处都被挑出了毛病。秀才心中大为不悦，失望得一宿没睡。

当晚，秀才画了一幅一模一样的画，第二天天还没亮，他就拿到了街市上展出。这次，他只让人们在这幅画最精巧的地方作上标记。结果，昨日被指责的那些笔墨，如今都换上了赞美的标记。一位老翁感慨地说道：“这就是人生啊，不管做什么，都不要太在乎别人怎么说、怎么评价。我眼中丑的事物，在他人的眼中很可能就是美的。”

生活中，很多人将生活的重心建立在别人的评价之上，其实这样的人，早就迷失了自己的心智，扭曲了自己的意愿，不晓得人生的路该往哪里走。其实，人生最重要的不在于改变别人对你的看法，而是确立自己的人生方向。这些偏颇的言语改变不了任何事实，却只能扰乱你的心性。真正支持你、懂你的人，不会因为一些虚无缥缈的言论，改变对你的看法。如果总在乎别人怎么想，那人生可能很快就失去意义了。

当然，完全不在乎别人的看法，根本不现实。所以既要坚定自己的信念，还得吸取别人的意见，若是一味关心别人的想法，整天反思自己的弊病，人生就真的会变得很累。

8. 想不开时不如不想，想多了头疼，想通了心疼

人生这条路，荆棘密布，很多的结不需要解开，只要轻轻跨过就好。烦恼多了，绕成了线，想不开就索性别去想，想多了头疼，想通了心疼。做人，最好的生活态度就是既执着又洒脱。想多了，心生杂念；听多了，六根不净。

人的很多大智慧，常常因为多虑和计较，最后都变成了小聪明。复杂的社会生活，使人们彼此疏离，甚至心生厌倦。谁都想把捆绑的心灵释放出来，过得简单，过得自在，但事实上并不容易。

生活一旦失去追求，就会被表面的浮华所困，自以为到手的物质，反而成了心灵的包袱。世界上最好的东西，往往存在于内心，大多数人庸庸碌碌、劳力劳心，恐怕还来不及感悟，生命已走到尽头了。

有的人一辈子都在琢磨，翻来覆去地想各种人、各种事，想得焦头烂额、六神无主。其实，人生不就是那么寥寥几笔吗？过分的警觉，过多的剖析，会让人感到疲惫、感到空虚；太多的动机和心术，则会让生活负荷过重，反而丧失了美的本真。

小潘到新公司还不到三个月，就因为在年会上多嘴，违犯了公司的规章制度。虽然是无心之过，但对公司造成的负面影响却不小。经理让办公室主任拿出处理意见，由他最终裁定。小潘也料到这次闯了祸，晚上熬夜写好了检查，第二天早早地交给了主任。为了这事儿，小潘好多天睡不好，吃不好，成天琢磨，可就是等不到处理结果下来。

周末，小潘终于熬不住了，张口问主任："处理结果还没有下来吗?"主任答复道："还没出来。"小潘十分苦恼，心想直接找经理吧，实在不太合适。天天想这些事儿，又想不出头绪，心情忧郁，寝食不安，那段日子对小潘而言简直是一种煎熬。这天，下了班，无意间遇到一位老员工，小潘便向他诉说了自己的苦衷。老员工听了他的陈述后，笑着说："这样的事儿，想不开还不如不想，想多了头疼。安心工作吧，小伙子，没事的。该发生的迟早会发生，不该发生的你盼着它发生，它也不会发生。"

生活中，很多事发生与否，不会因为我们想与不想而改变。遇到了棘手的问题，想不开姑且搁到一边，不要因为一个细小的问题，打乱了一个周期的生活节奏。把自己封闭在一张无形的网里，不过是庸人自扰罢了。

人生当中，很多问题是没有定论的，无非是观察的角度不同罢了。想不开，不如不想，这不光是一种豁达的人生态度，更是一种超脱的精神境界。人的内心，容易被灯红酒绿的世界所浸染，填充下无穷无尽的欲望。渴望多了，想法多了，痛苦的源泉也就形成了。

人生本来就是有缺憾的，不可能世事洞明。有很多事相辅相成，有得必有失。没有谁能够在有限的生命里，解答所有的疑难命题。太执迷于一物，必然会顾此失彼。放下不必要的烦恼和思量，不再被冗杂的欲念所牵绊，人才能过得坦然，活得舒心。放下扰乱心绪的杂事，才能在广阔的生命原野上自由地驰骋。给内心注入一股清泉，还自己一个清净的灵魂，这才是最博大的心胸、最通透的人生。

第十章

不忧不悔，活在当下

人生如白驹过隙，来也匆匆，去也匆匆。没有谁，能走好人生路途中的每一步。过去的坎坷伤痛，早已是过往云烟；未来不可预测，可能是金黄的麦田，也可能是贫瘠的荒漠。过去与未来，就像一对隐形的翅膀，有时候，假装它不存在，反而活得简单。不忧不悔，活在当下，这才是实实在在的一笔精神财富。

1. 不后悔过去，不担心将来，好好活在现在

今天忆昨日，昨日忧明日，人一旦陷入这种恶性循环，生活将变得杂乱无章。人生最重要的是现在，珍惜了现在，才会有好的将来、好的未来。

未来是无法预知的，谁也不晓得以后会发生什么，也许一片大好，也许残酷至极。也许明天，给我们带来意想不到的惊喜，我们何不乐观地遐想一番，为明天的到来提前做好准备呢？所以，只有今天才是最重要的，未来只能幻想，今天却可以牢牢把握。

一个青年神色慌张地在路上走，走一段跑一段，气喘吁吁，也不知道休息。对于路边的景色与过往的行人，完全视而不见。一位长者实在看不下去了，拦住问他："小伙子，你为何如此行色匆匆啊，这是赶着要到那里去吗？"青年头

也不回，飞快地向前跑着，只泛泛地扔了一句话："别拦着我，我在寻求幸福。"转眼间，二十多年过去了，青年已不再像当年那样意气风发，虽说行动迟缓了，可寻找幸福的脚步却从未停止。

年老的母亲拦住他，劝他："孩子啊，你这大半辈子什么都没有做，这样寻下去有意义吗?"他只是轻蔑地笑了笑，说道："妈，您就歇着吧，您不知道啊，我在寻找幸福啊。"

又是二十年过去了，中年人已成了一个面色憔悴、老眼昏花的老头，还在一步一步地向前挪着。一个小孩拦住他，问道："老爷爷，您还在寻找幸福吗?"

老人答道："是啊。"不觉一行眼泪掉了下来。他明白了，真正的幸福其实就在他身边，只是他错过了，怨不得别人。

其实，幸福从来就没有离开过我们，它不属于过去，也不属于将来，只属于现在。很多时候，幸福就在我们身边，只是我们一直没有发现而已。

有人说：失去的东西，往往是最美好的。是啊，很多东西一旦错过，就不可挽回。生活中，有的人沉浸在回忆里，有的人沉迷于梦想中，可是错过了今天，明天成了今天，又会为昨天而后悔，这样下去，理想何时才能变为现实呢？勤奋的人，深知时间就是生命，从不会让今天白白浪费。抓住了今天，才能无愧于昨天，才能从容地迎接明天。

一寸光阴一寸金，寸金难买寸光阴。今天的机遇只有一次，一旦失去，便不会再拥有。孔子曰："逝者如斯夫，不舍昼夜。"不抓住现在，以后就会有无数个现在从我们手中逃走。过好了今天，也就为明天腾出了时间，静心地去做明天之事。

无论外部的环境发生了多大变化，只要心中坚持的信念不变，今天该做什么，就做什么。不要放弃一点一滴努力，将今日之事推到明天，偷得了一时的清闲，却只能换来一生的悔恨。

成功者总在一天刚开始时，就问自己："今天该做什么？"只有失败者在一天结束时才问自己："今天都干了什么？"明天的成功，总是由无数个今天的努力积累而成的，只要抓住每分每秒，人生任何时候都是金黄的季节。

很多人稍微遇到点困难，就马上产生消极的情绪，内心开始堕落。可是，在具有坚强意志、积极进取的人面前，任何艰难的环境都是"纸老虎"。这会让他们更好地经受锻炼，积累经验教训，鼓起勇气，再接再厉。爱迪生在发明灯泡时，为了找到合适灯丝材料，竟分门别类地进行了几千次实验。

人生如白驹过隙，来也匆匆，去也匆匆。"失之毫厘，差以千里"，没有人能完整地走好人生路途中的每一步，站在人生的岔路口，谁能保证自己一辈子平稳坦荡呢？过去的伤悲就让它过去吧，在空虚的梦中一次又一次地安慰自己，人生永远走不出伤痛的阴影。

阳光和希望，是我们来到这世上收到的最美好的礼物。

立足当下，就等于抓住了最大的一笔财富。把握住现在，才能在一次次刺痛的觉醒中，做出不同凡响的成就；把握住现在，才能在一片片阴沉的苍穹里觅得微弱的曦光。抛下过去，把握现在，着眼未来，这才是生命的真正意义。

过去的坎坷伤痛，只能是过往云烟，纵然曲调幽怨，也经不住一日静听。回忆的色彩，在今天的暖阳面前，始终显得暗淡无光，即便是一幅温婉动人的写意画，也终会凋谢它丰腴的模样。杨柳枯了，燕儿南飞，但春天还在。

未来是缥缈的、不可预测的，可能是金黄的麦田，也可能是贫瘠的土壤，但所有这一切，无不来源于今天的创造。过去与未来，就像一对隐形的翅膀，有时，假装它不存在，人生反而会更加精彩。拥抱现在，立足当下，人生必然会收获晴朗，收获明媚！

2. 走得太快，想得太多，心就累了

生活中，总会有一些事值得回忆，也总有一些事需要放弃。人之所以会烦恼，就因为走得太快、想得太多。不该记住的，全都留在了记忆里；应该记住的，反倒被挤压在了角落里。走得太快，想得太多，心就会累。心累了，身体也会疲惫。

人生在世，不可能事事顺心，很多时候，不是我们拥有的太少，而是我们计较的太多。很多人觉得自己不幸，觉得

自己得到的比别人少，处处怨声载道，实质是自己把一些单纯的事情复杂化了，给自己平添了无谓的烦恼。

在很多人看来，自己可能永远也跟不上时代的步伐。以前，物质生活很贫穷，没得吃没得穿，但精神生活很丰富，精神状态很好；现如今，物质生活丰富了，可精神生活却变得匮乏，想得太多，心太累。

在现代人的概念里，头脑简单之人，非呆即傻，所以人们宁愿自己不快乐，也不愿意做傻瓜。有时，痛苦不是别人带来的，而是自己强加的。潜意识里看到别人过得幸福，自己的内心就倍感失落、压抑。每一天都在追求完美的生活，殊不知不完美，才是真正的完美。

面对诱惑，很少有人不动心，可一旦动心，脚下就会不稳。因为心思烦乱，必无法专心地做好一件事，其实人生就像一座金字塔，层次很多，越往上，越难走。想得到的东西越多，就会越走越累。

他白手起家，三十二岁时才赚得了人生的第一桶金，而后一步步走向了成功。他是世界知名的旅馆业大亨，他毕生致力于建立以“希尔顿”为名的高级全球性连锁饭店。如今，在全世界的很多地方，只要有希尔顿的连锁饭店，就会看到他的自传。他让员工将它摆放在全球希尔顿连锁饭店的六万四千个房间里，就放在圣经之旁。意思是：旅客读圣经之暇，不妨看看他的自传。

有记者向他请教成功的秘诀。他率直地说：“静下心来，认识你自己，是每个人迈向成功的第一步。”他解释说：“我整整花了三十二年，才发觉自己独特的长处，这才开始了我的事业。在这之前，我只是个公司的小职员。每一个人在获得成功之前，一定会经历一段漫长的摸索过程。走得太快，什么都做不好；想得太多，一件事也想不清楚。”后来，他用低价四处标购旧旅馆，经过整顿后，挂上“希尔顿”的招牌，重新开张而获利。

生活，需要用心去感受，用心去发现。成功永远不是偶然的，盲目地前行，还不如短暂地停下来，专注于自己的事业和理想，成功迟早会到来。很多时候，幸福就在我们身边，只是我们不知道珍惜，想得天花乱坠，只看前面，不看脚下，再美好的事物也被我们无情地忽略了。

不能不做事，也不能只做事，一定要注意做事的方式和方法。盲目行动，只会让自己濒于疲累的极限。其实，人生何必如此呢？看看身边的人，有的笑容满面，有的情绪落寞，开心是一天，烦恼也是一天，静下心来，耐心体会，才能感受到生活的真谛。

生活中，身体累并不可怕，心累才真的可怕。在这个充满竞争压力的社会里，生活有太多的难题和烦恼，要活得一点不累也不现实。可是纵然有很多事牵绊思绪，也不能被烦恼牵着鼻子走。想要反客为主，先要调整好自己的内心。放下多余的考虑，放下沉重的思想包袱，才能心无旁骛，才能心无挂碍。

3. 当你试图拿回失去的东西时，也许你会失去更多

人生当中，有很多东西是可遇不可求的。有些事物，若是注定与你无缘，终究会离你而去；有些人，只能成为过客，过于留恋只会让希望成空。该过去的就让他过去，珍惜眼前的一切就好。

人生苦短，在经历着收获的同时，也不得不吞下失去的苦果。可这就是生活最本来的面貌，有进就有退，有得必有失。很多人在岁月的颠沛流离中来了又走，走了又来，于是碰撞出了生命的不同悲喜。

话又说回来，人生就是在得失起落中，磨炼我们的意志，丰富我们的阅历，使我们在快乐与痛苦中成长。当争则争，当退则退，可是，又有多少人能做到呢？很多人还是喜于得到，而悲于失去。

当人们为了失去的名利，在贪婪的路上穷追不舍时，恐怕人格、道德早已丢弃于一旁还尚未可知。生活中，很多人寝食难安，自我压抑，无非是想要的东西太多，所以一时间难以掌控，迷失了自我。

老田是一位药剂师，年过五旬的他，事业十分成功。有人问他：成功靠什么？他说：全靠两样法宝，一个是“朋

友”，一个是“得失心”。老田年轻时就喜欢交朋友，正所谓三教九流无不往来，有人甚至赐予他“岭南杜月笙”的美名。只要朋友有难求他，他必慷慨解囊，倾力相助。与人合伙做生意，公司赚了钱，田先生却采用六四分，表面上自己吃了亏，失去了一些利润，可实质上却赢得了合伙人的信任，成了最后的赢家。

老田还有一个不争气的儿子，总是跟一些不三不四的混混在一块，也不好好读书，有一回，儿子跟人家打架，鼻子出了血，为了报复，打折了人家的鼻梁骨。

这件事对老田的触动很大，儿子从劳教所出来以后，他怜惜地说：“孩子，做人跟做生意的道理其实是一样的，不要老觉得自己吃了亏，有时候你越是计较，越想找一些平衡，你就陷得越深。到最后难以自拔，被套牢了，没有人能救你。明白吗？孩子，当你试图从别人那里争回什么时，你失去的反而更多。”

人若迷失了自己的心性，在物欲横流的社会上盲目行进，那便是莫大的悲哀。有的人越在乎，越惧怕失去就越容易失去，到头来郁郁寡欢，后悔莫及。做人，时刻秉持一颗安闲自在的心，一切随缘，方能顺其自然。大千世界，能够拥有的毕竟有限，不要让无止境的欲求阻挡了视线。

正所谓该得则得，当舍则舍，这才是快意的人生。无论面对什么，都必须权衡其价值的大小，唯有这样，才能在取与舍之间准确地把握，明白该失去什么，不该失去什么。从做人的角度讲，绝不可为了保全性命而失去气节，为了个人的名利而丧失人格。

很多东西注定是你的，别人就算挖空心思也拿不走；有些东西根本不属于你，不管你怎么努力，它都会拒你于千里之外。面对失去，不妨抱以一种坦然的态度。所谓坦然，就是生活所赐予的，我们一定要好好珍惜，对于那些不属于我们的事物，也不要过于牵挂、过于烦恼。

智慧不是只盯在暂时的利益上，而是要有更长远的眼光。不要因为一时的吃亏，轻易暴露自己的心性。该得到的，不错过；不该得到的，也不要强求。有时候，理性地放弃，才能更好地获得。

回顾过往，翻拣记忆，越过沟沟坎坎，才能走得坚实平稳、顺当，经历黑暗，人生才会不同凡响。经历一次黑暗，就是经历一次考验，经受一次洗礼。它使人懂得了人生之艰辛、生活之不易，从而对每一分收获都倍加珍惜。

人生美丽与否，首先可看他积累的精神财富有多少。真正用心感受生活的人，往往懂得调节自己，无论遇到多大的困难，都能够积极、理性地面对。“冬天来了，春天还会远吗?”陷于困境时，只要坚定信念、持之以恒，成功就不再遥远。

如今长城今犹在，不见当年秦始皇。生命中的很多东西，生不带来，死不带去，况且人生的意义也不在于得到多少，拥有多少。“天生我才必有用，千金散尽还复来。”凡事得之泰然，失之淡然，才能在平凡中收获不平凡。

4. 生活有进退，输什么也别输了心情

烦恼与忧愁每天都有，就像这空气中的尘埃，逃避根本不是办法。其实，人生就是一杯白开水。放些盐，它会变咸；加点糖，它则变甜。生活，不是过给别人看的，输什么别输心情。

也许，每个人的内心都有一片伤心的园地，他人一旦触碰，就会引发不必要的误会。可当一切都看开时，才发觉：人生并没有什么东西，重要到不可抛弃。时间可以冲淡一切的往事，岁月可以软化最冷漠的内心，一切的矛盾都可以在岁月的长河中得以缓和。

生活中，很多人都曾遭遇过挫折，饱受过创伤，彷徨过，也迷惘过，但只要有一颗乐观向上的心支撑着，善于取舍，再苦再累也不会倒下。人生是复杂的，要不断清扫和放弃一些东西，填塞的内容越精越少，就越能发挥出无限的潜能。

王女士是一位家喻户晓的女企业家。20 世纪 90 年代末，她一手创办的文化用品中心在经济危机中遇到了瓶颈，资金被冻结，客户也大批量流失，企业内部也人心不稳，彼此猜疑。王女士什么大风大浪没见过，为了给自己鼓劲儿，她每天晚上坚持看书，激励自己，调整心情，始终对工作保持足

够高的热诚。

王女士平时还喜欢艺术，休息时她就放一些轻松的音乐给员工听，缓解他们的压力。这一天，她邀请了一位演说家到公司来，给员工们作一场鼓舞士气的演讲。因为班机延误，演说家没有在规定的时间内到达公司。为避免尴尬，王女士只好硬着头皮上了台。由于事先没有准备，王女士只好即兴发挥：“朋友们，感谢大家一直跟随我到现在。现在经济不景气，大家都难，但是我们既然走到这一步了，就要昂着头走下去。我请的演说家大概来不了了，他也不需要来了。我知道大家心里有苦，我们今天不说工作，我给大家讲个笑话……”整个下午，所有人都没有继续工作，只听王女士讲笑话，一个个乐得前俯后仰，三个月后，经济危机过去了，失去的客户又回流了，大概自那天以后，那些一度信心受挫的员工再也没有离开的念头了。

这就是生活，无论外部环境如何变化，保持一份乐观、惬意的心情比什么都重要。只要凡事向前看，再大的难处也能扛过去。就算一贫如洗，也要以自己的方式微笑着活下去。一个人在家时，看看书、听听音乐，空闲时上街走走，感受这个城市的变化，会发现生活原来如此曼妙、如此美好。

人生就像一张白纸，每个人面对的其实就是一道没有答案的题目，只需保持一份好的心情，快乐地书写即可。不要轻易生气，不要怕挨骂，人生免不了要犯错，免不了要触犯别人。遇到别人的发难，一定要冷静处理，锻炼自己的承受力和忍耐力，始终保持一种良好的心态。

烦的时候，不妨让自己静下来，有时候经历一些风雨，未必是什么坏事。有些争议，要慢慢学会消化；有些问题，要一步步寻求解决。少议论是非，少抱怨现实，多参与一些对自己身心有益的事，生活自然会少些怨言与后悔，多些快乐与美好。

人生是短暂的，拥有良好的心态和愉快的心情很重要。许多事不要勉强，不计较一时的荣辱得失，顺应自然就好。心态决定心情，心态积极的人即使遇到挫折坎坷，也能从容面对。在充满荆棘和坎坷的路上，不可将全部的希望寄托在别人那里，但可以虚心学习别人的长处，弥补自己的缺陷。一定要给自己信心，给自己希望，点一盏智慧的灯，才能照亮眼前的幸福，在人生的道路上走得更加坚定、更加平稳。

生活的道路上满是荆棘，人的心情也会阴云密布。谁都希望自己的人生一帆风顺，心情总是艳阳高照，可现实并非如此，往往是“山重水复疑无路，柳暗花明又一村”。能够在困境中发现阳光，在丑陋中发现美，这样的人生才会阳光普照，遍地春光。

5. 别怕走弯路，少走了弯路也就错过了风景

人一旦进入社会，就不可避免地要走一些弯路。许多人一心只想走坦荡的直路，对曲折的“弯”路视而不见。却不

知，少走了弯路，人生将会错过多少的风景！

张爱玲说：“人生的路上，有一条路每个人非走不可，那就是年轻时候的弯路。”年轻的时候，不摔跟头，不碰壁，不碰个头破血流，倘若到了中年，还炼不出钢筋铁骨，人生恐怕已经没什么希望了。

美国游泳名将菲尔普斯，自幼身体严重畸形，上肢长，下肢短。没有一个人看好这孩子的未来，可是他却选择了一条人们意想不到的“弯路”——游泳，直到后来，一位独具慧眼的教练发现了他，从此造就了菲尔普斯传奇的人生。所以，遇到困难和阻碍时，不要慌张，也不要气馁，或许希望就在不远的前方。

张杰出生在海南的一个平民家庭。他出生时，双腿细得像擀面杖一样。医生断言他活不过当天，但一年后，他依然活着，奇迹般地打破了医生的预言。十八岁时，张杰决定将自己孱弱的双腿截掉。后来，他学会了用双手走路。他还经常开玩笑说，自己看得最多的风景就是各种各样的腿、鞋子和女孩们的裙子。

二十岁那年，张杰趴在滑板上，敲开了数千家单位的门，并最终找到了一份满意的工作，勉强能够自食其力。一次偶然的机会，一场公开的演讲改变了张杰的人生。有位学者邀请他上台去讲述自己的人生经验，讲述自己跟命运斗争的过程，希望给他人以启迪。演讲进行过半，张杰问台下的听众："有多少人不喜欢自己的鞋子？"几乎超过一半的人举了手。这时，张杰举起自己的红色橡胶手套，说："这就是我的鞋子，我用他支撑整个身体，有谁愿意和我换？就算我拥有全世界的财富，我也舍得和你换。现在，还会有谁抱怨自己的鞋子呢？"他从未丧失对生活的信心，坚持和病魔进行着顽强的抗争。如今的张杰，已是三个孩子的父亲，拥有一个美满的家庭和一份稳定的事业。

即使人生不完美，也永远不要对自己说"不"，不要怕走弯路。这个世界总是充满着伤痛和苦难，比苦难更强大的是顽强的意志。只要不放弃，美满的生活就会拥抱我们。

每一段弯路，在给我们带来困难的同时，也为我们带来了希望，为下一次的成功积累了经验。况且，那些"弯路"上看到的风景、经历的一切，都会变成一种独特的财富。

孔子曰：为人，通权达变者是矣。这就是人生，少了变化，也就少了情趣。有变化，才会有进步。走弯路，就不失为一种自我磨炼、自我重塑的办法，它能使我们的人生更加丰富多彩。

人生在世，难免要走些弯路。有些路并不好走，但依然有许多风景值得一览，值得品味。生活中，有成功也有失败，有欢笑也有泪水。只要我们不懈地努力，成功就在眼前。

常言道"无限风光在险峰"，是捷径还是弯路，一时间很难说得清楚。有时，看似坎坷崎岖，实则曲径通幽，若是能不急不躁地坚持走下去，人生必会柳暗花明，迎来新的转机。

6. 用漫不经心的态度，过随遇而安的生活

俗话说：急着开的花儿结不了果，催熟的果子甜不了。人，一定不要把生活想得太复杂，想得太难。繁华落尽，皆是平淡，好时光是用来享受的，不是拿来浪费的。太庸俗，太执迷，一心攀高，反而错过了路途中的风景。随遇而安才是真自在！

有一种态度叫随性，叫漫不经心，有一种心智叫洒脱，叫随遇而安。有的人一辈子走得着急，着急长大，着急赚钱，着急升官，虽说每个人都有自己的选择，但这样的路，未免走得太匆忙、太狼狈。

一味地低头赶路，只会忽略路边的风景；一路追着耀眼的光芒，却失去了所有爱你的人……待到醒悟时，人生早已没有多少路可以走。很多年轻人，慌慌张张地踩在前人的脚印上，不明对错，只顾硬着头皮往前闯，有一天发现自己错了，再后悔也于事无补，时间只能向前，永远不会向后。

人世沧桑，谁都会彷徨，会忧伤，然而生命是有限的，可以回眸，但不可以挥霍。偶尔扬起头来，望一望那璀璨的星空吧！或是闭上眼，闲庭信步，闻一闻那沿途的花香。受

伤时、失落时，投入亲人的怀抱，静心地感受片刻的宁静。

不是所有的事都如人愿，简单一点，平平淡淡才是真。陶醉于四季风景之中，静心于高山流水之间，才能活得洒脱，活出真性情。在平凡的人生之旅默然前行，每一步都走得随性，走得从容，才能体会到人生的乐趣。

漆黑偏僻的公路上，没什么人，齐师傅的汽车一抛锚，轮胎竟然爆了！齐师傅下车翻遍了工具箱，找不到任何解决问题的办法。齐师傅心想：怎么办？这条路半天都不会有车辆经过，他远远望见一座亮灯的房子，决定去找人帮忙。

齐师傅不停地想：要是没有人来开门怎么办，要是没有千斤顶这样的工具怎么办？要是他有工具，却不肯借我怎么办？顺着这样的思路想下去，齐师傅越想越急，走到那房子前，敲开门，主人刚出来，齐师傅一把抓住他的胳膊，激动地说："您行行好！快借我一些工具吧，我得早点赶回家，拜托了。"

主人有些丈二的和尚摸不着头脑，以为是哪里来的精神病人，待齐师傅慌张地述说了一遍他的遭遇，主人才迎他进了里屋。齐师傅越想越着急，额头上的汗不停地往下冒。主人笑着问："晚上回家可有事否？"齐师傅答道："无事。"主人说："车门锁了吗？安全吧？"齐师傅这才冷静了下来："安全。"主人说："这样，晚上就住在这儿，明早我打电话叫人帮你修。这大晚上，月色这么好，咱俩喝喝茶，下下棋，岂不妙哉？"齐师傅一听这话，也乐了，欣然答应，安心与主人喝茶、下起棋来。

生活就是这样，焦躁与忧虑解决不了任何问题。遇事不慌张，平心静气，事情自然会朝着有利的一面发展。在平时的生活中，人们总喜欢做出一些忙乱而悲观的推想，到最后真的把自己置于不利的境地。沏一杯清茶，静坐窗前，生活也许会简单很多。

嘴角轻扬，享受那份久违的温馨与宁静，你会发觉生活竟是如此美妙！岁月如歌，一曲过后，许多人正渐渐淡忘，许多事会一笑而过，体味人生百态、人间冷暖，心底自然多了份甜美而快乐的回忆。

生活就是这样，从心所向，每一份来之不易的幸福都去坚守，最后沉淀在心间的感觉，才会温馨、才会真实。

7. 相信自己比依赖别人更重要，用尽心机不如静心做事

人生短短几十年，无论身处何种环境，都不要盲目地否定自己，压抑自己的想法与抱负。想要拓宽视野、增长见识，不如把时间放在有意义的事情上，静心去做。激发出自己最大的能量，才能收获耕耘的快乐。

生命对于每个人而言，只有一次。人不能永远在别人荣誉的光环下躲着，一定要对自己、对生活有所期待，有所定位。别人生活得好，起点高或际遇好，对我们的人生并没有

太大影响。任何时候，一个自信、自立的生命，才是令人敬畏的，屹立不倒的。

人生不可算计太多，一定要顺其自然；一心算计别人的人，到头来一定会被别人算计。不要对谁太好，也不要对谁都不好，该是你的你终会得到，不该你争取的终究不会是你的。做人，没必要压抑自己，也没必要对别人阿谀奉承，保持自我的人格，才会赢得他人的尊重。任何时候，相信自己比依赖别人都重要。

在镇上，老李算是名噪一时的捕鱼高手。他出海次数多，经验丰富，经常在小镇的捕鱼竞赛中拔得头筹。很多人都拜他为老师，请他传授捕捞的技巧。而他自己也从不自满，不断地向他人吸取经验，争取做得更好。

有一天，镇上来了一位捕鱼专家，他认为自己的技术是最好的，于是向老李发出了挑战书。老李表面上淡然地答应了对方，但心里却异常紧张，心想：这年轻人这么有勇气，我应该多加训练才对。为了这次比赛，老李每天都要练上四五个小时，经常整晚都泡在海里。

半个月过去了，老李与捕鱼专家展开了较量，捕鱼专家渐渐败下阵来。比赛结束了，老李以巨大的优势获胜。专家很懊丧，便问老李：“您凭什么捕得比我还多？”老李笑了笑说：“你输是因为没有把自己看淡。”年轻气盛的捕鱼专家听了这句话若有所思，扬长而去了。

生活中，有目标、有追求，固然很好。你就可以为之奋斗，为之努力，但决不可较真，对于名利，一定要看淡。现实是无情的，不可能事事都如你所愿，很多时候，面临无奈的选择，不如放宽心思，将希望转移到别的事情上，结果或许会更好一些。

用尽心机不如静心做事，永远不要被少数人所利用。生活中，不要自私自利，凡是对他人有益的好事、善事，能做的就尽量去做，这是做人应有的道德良知。有的人只求索取，不愿奉献，迟早有一天，会落入孤立无援的尴尬境地。

没有人甘于过虚伪的、寄人篱下的生活，原地踏步的人生是没有意义的。想要成功，就要付出努力，所谓的心机，不过是一些愚弄他人、愚弄自己的把戏罢了，对于真正意义上的人生，起不了什么大的作用。只有在奋斗拼搏下取得的成功，才是无以复加、终生难忘的。

这个世界上，没有多少平坦的路可走，每个人都会遇到各自的困难。一时的失败，说明不了什么。若是因为脚下的荆棘而惧怕黑暗，因为他人的强势而放弃自我，希望之苗就会枯死，光明之窗就会关闭。做人，一定要正视失败。只有坚信自己能行，将一切困难看成纸老虎，当成功真正降临时，你才会发现：其实，成功真的不难！

上帝为我们关上一扇门，一定会为我们打开另一扇窗。沿着错误的方向走下去，永远也实现不了自己的人生价值。所谓的义无反顾，需要建立在正确的信念之上，而不是盲目为之。

相信自己，保持自己的本心，不要被千变万化的世界所迷惑，大象就因为听信了狮子的鬼话，不再信任自己，被贴上驴的标签后，果真跟驴没什么分别了。但愿这样的悲剧，不要在你我身上发生。

人生，简而言之，就是一个自我奋斗的过程。克服不安、焦躁的情绪，不随波逐流，不被外界所迷惑，不要让世俗的浑浊污浊了自己的良心，相信自己，相信梦想，坚定脚步，才能收获属于自己的人生喜悦。

生活，不是毫无意义的奔波。一定要趁着年轻，给自己一个准确的定位。把自己当成主角，在生活这个大舞台上尽情地展示自己的风采和魅力。也许，每个人的心中都有一股狂放不羁的力量，这就是自信的源头，只要释放出当中的三分，就可以奏出生命的强音。

人生之路，坎坷颇多，不仅有成功的微笑，还会有心酸的泪。有些失败不可避免，有些失败只是因为一时疏忽，失败的原因可能有很多，但成功的原因却只有两个字：努力。任何人的成功都不是偶然的，他不一定是最优秀的，但在某一个领域内，他一定是最努力的。相信自己，静心做事，才可绽放人生的光彩，最终抵达成功的彼岸！